Marion Baumann | Oleksandra Bienert | Axel Matthies

Angekommen?!

IMPRESSUM

Herausgeber:
Kiek in - Soziale Dienste gGmbH
Rosenbecker Straße 25/27, 12689 Berlin

V.i.S.d.P.
Kiek in - Soziale Dienste gGmbH
Gabriele Geißler
Rosenbecker Straße 25/27, 12689 Berlin

Autorteam
Marion Baumann | Oleksandra Bienert | Axel Matthies
Eigenbeiträge
Rolf A. Götte | Wolfgang Kluge | Marianne Marquardt

Fotos
Sabine Behrens | Serhiy Bezborodko | Oleksandra Bienert
Wolfgang Bilke | Birgitt Eltzel | Rim Farha | Rolf A. Götte (aus Privatbesitz)
Axel Matthies | Harald Ritter | Iryna Schmidt

Satz und Layout
alex grimm
gamma_berlin | medienproduktion grimm gbr | www.gamma-berlin.de

Lektorat und Korrektat
Luisa Müller, Berlin

Druck
WirmachenDruck.de
Onlinedruckerei
Sitz der Gesellschaft: Backnang

Verlag
Fadensuche – Agentur & Verlag, Märkische Allee 264, 12679 Berlin
www.fadensuche.de, kontakt@fadensuche.de
Alle Rechte vorbehalten.
ISBN 978-3-9823035-1-2

Auflage
500

© 1. Auflage 2021

Gefördert durch:

Im Stadtteil Marzahn NordWest leben gegenwärtig 24.184 Menschen.

Von diesen sind 3.400 Ausländer und 3.200 Deutsche mit Migrationshintergrund.

Damit haben 27 % aller Einwohner eine Migrationsgeschichte.

Das entspricht exakt dem Anteil in Deutschland.

(Quelle: Demografiebericht Bezirksamt Marzahn-Hellersdorf, 2021)

Marion Baumann | Oleksandra Bienert | Axel Matthies

Angekommen?!

Lebensgeschichten
alter und neuer Nachbarn und Nachbarinnen
am Stadtrand von Berlin

Fadensuche
AGENTUR & VERLAG

AGENTUR & VERLAG

Fadensuche – Agentur & Verlag Märkische Allee 264, 12679 Berlin
www.fadensuche.de, kontakt@fadensuche.de
Alle Rechte vorbehalten.

Originalausgabe
Oktober 2021

Die Deutsche Bibliothek verzeichnet diese Publikation in der
Deutschen Nationalbibliografie.

Das Werk, einschließlich aller Fotos, ist urheberrechtlich geschützt.
Jede Verwertung außerhalb der Grenzen des Urheberschutzgesetzes
ist ohne Zustimmung der Autoren und Autorinnen und Fotografen und
Fotografinnen unzulässig.

Die Autoren und Autorinnen übernehmen die volle Verantwortung für
den Inhalt ihrer Geschichten.

Alle Interviewpartner und -partnerinnen und Fotografen und Fotografinnen
haben ihre Texte und Fotos für die Veröffentlichung im Buch freigegeben.

ISBN-Nummer:

9 783982 303512

DANKSAGUNG

Wir als Autoren und Autorinnen bedanken uns ganz herzlich bei allen Protagonisten und Protagonistinnen in diesem Buch für das Vertrauen, das sie uns entgegenbrachten und ihre Bereitschaft, uns aus ihrem Leben zu erzählen oder selbst zu schreiben.

Wir wissen das sehr zu schätzen, ist es doch nicht selbstverständlich, einer mehr oder weniger bekannten Person seine Geschichte zu erzählen. Somit sind in diesem Buch Lebenswege vereint, die unterschiedlicher in ihrer Vielfalt nicht sein können und trotzdem eins gemeinsam haben: die Verbindung zum **Stadtteil Marzahn NordWest**, in dem sie ihre neue Heimat gefunden haben. Dieses Buch ist ein wahres Gemeinschaftswerk und hat uns alle ein wenig nähergebracht. Es wird für jeden deutlich, wie viel wir doch gemeinsam haben und was uns alle eint.

Wir bedanken uns auch für die Bereitschaft, sich für das Buch von Oleksandra Bienert fotografieren zu lassen und die Fotos, die uns zusätzlich für die Veröffentlichung zur Verfügung gestellt wurden. Danke an Herrn Rolf A. Götte, der das Vorwort für das Buch geschrieben hat. Das Buch entstand ausschließlich während der Corona-Pandemie.

Wir bedanken uns für die Zusammenarbeit mit:

- dem Netzwerk **„Gemeinsam STATT EINSAM"** – Marion Baumann,
- **„BENN"** *(Berlin entwickelt neue Nachbarschaften)* – Dirk Altweck und der Senatsverwaltung für Stadtentwicklung und Wohnen
- dem Nachbar*innentreff **„Louise"** – Rim Farha,
- dem **„Vision e.V."** – Alla Ditkovska, Iryna Schmidt,
- der Gemeinschaftsunterkunft für Flüchtlinge in der Wittenberger Straße **„GU Wittenberger Str."** – Emmeline Koopmans,
- dem Stadtteilzentrum **„Kiez-Treff West"** – Bärbel Kramer,
- unserem Mutterverein **„Kiek in e.V. Berlin"** – Gabriele Geißler.

Marion Baumann   *Oleksandra Bienert*   *Axel Matthies*

Berlin, Oktober 2021

Inhaltsverzeichnis:

Marion Baumann	Danksagung den Autoren und Autorinnen	7
Rolf A. Götte	Vorwort	11
Micha Lemke:	Niemand kann das ausschließen *(Axel Matthies)*	17
Anna:	Ich sammle alles *(Marion Baumann)*	25
Wolfgang Emanuel:	Als Spieß, Mutter und Vaterersatz *(Marion Baumann)*	29
Piotr Ivanovich:	Brücken bauen mit Musik *(Oleksandra Bienert)*	33
Marianne Marquardt	Die Wende, nicht 1989, sondern bereits 1987 *(Eigenbeitrag)*	41
Pawel und Zofia:	Roma in Marzahn-Hellersdorf *(Oleksandra Bienert)*	47
	Unsere vietnamesische Community *(Marion Baumann)*	51
Erika	Heute kann ich offen mit meiner Biografie umgehen *(Marion Baumann)*	59
Michael	Kaffeeklatsch mit Knuddel *(Marion Baumann)*	63
Olli	Ein Mann für alle Fälle *(Marion Baumann)*	69
Christine	Friedenskonzert am Barnimplatz *(Marion Baumann)*	73
Peter	Würde nirgendwo anders mehr wohnen wollen *(Marion Baumann)*	79

Hinweis: Bei wörtlicher Rede in den Texten wurde zur besseren Lesbarkeit auf das Gendern verzichet.

Sabine	Zufall oder Fügung *(Marion Baumann)*	85
Anoush und Dila	Warten auf das Ankommen *(Oleksandra Bienert)*	89
Sabrina	Von der Idee bis zur Vision *(Marion Baumann)*	97
Shirin	Eine Flüchtlingsgeschichte, die unter die Haut geht. *(Marion Baumann)*	101
Fiete	Ick' mach' so, wie ick' denk' *(Axel Matthies)*	107
Antje	Mutter (52) von acht Kindern mit Vorbildwirkung *(Marion Baumann)*	113
Alimatou	Ich vermisse meine Heimat, obwohl ich mich hier wohlfühle *(Marion Baumann)*	117
Susanne	Von der Ostseeküste nach Berlin-Marzahn *(Marion Baumann)*	123
Wolfgang	Meine ersten großen Ferien *(Eigenbeitrag)*	129
O., N., M. und A.:	Was Krieg aus Familien macht *(Marion Baumann)*	133
Rolf A. Götte:	Angekommen ??? --- Angekommen !!! *(Eigenbeitrag)*	141
Günter Beckert	Ein Nachruf *(Axel Matthies)*	147

Autoren- und Autorinnenporträts:

Marion Baumann	151
Oleksandra Bienert	152
Axel Matthies	153
Quellenverzeichnis Fotos	154

Vorwort

Berlin besteht aus beinahe einhundert Stadtteilen. Marzahn NordWest, am Rande der Hauptstadt und in unmittelbarer Nähe zum brandenburgischen Ahrensfelde gelegen, gehört zum jüngsten Stadtbezirk Marzahn-Hellersdorfs und weist eine lebhaft-interessante Geschichte auf. In diesem Stadtteil leben im Jahre 2021 etwa 25.000 Menschen; eine Größenordnung, in der sich Kommunen in anderen Teilen Deutschlands bereits durch einen eigenen Oberbürgermeister oder eine eigene Oberbürgermeisterin repräsentieren lassen.

In den siebziger Jahren des zurückliegenden Jahrhunderts wurde von der DDR-Regierung ein ehrgeiziges Wohnungsbauprogramm beschlossen, um Berliner und Berlinerinnen mit dringend benötigtem Wohnraum zu versorgen. Aus engen Mietskasernen mit Ofenheizung, ohne Bad und mit nur teilweise eigenem WC sollten für die Bevölkerung moderne, lichtdurchflutete Wohnungen entstehen; während die in der Innenstadt durch diese Maßnahmen freigewordenen Altbauwohnungen der vorletzten Jahrhundertwende modernisiert wurden. So entstanden in Marzahn, Hellersdorf und auch in Hohenschönhausen neue Stadtbezirke mit ca. 100.000 Wohnungen auf vormaligen Rieselfeldern und landwirtschaftlich genutzten Flächen. Diese boten eine völlig neue Lebensqualität.

Nach der Vereinigung beider deutscher Staaten sank die Zahl der Bewohner und Bewohnerinnen zunächst. Der Wegfall von Arbeitsplätzen sowie veränderte Arbeitsbedingungen veranlassten Teile der jüngeren noch im Arbeitsprozess befindlichen Bevölkerung zum Exodus in die „alte" Bundesrepublik. Marzahn NordWest blieb davon nicht verschont. Als Folge dieser Situation wurden nur wenige Jahrzehnte alte Häuser abgerissen oder zurückgebaut. Der Stadtteil wandelte sich zur besonders grünen Oase am Rande zu Brandenburg.

Nach dem Millennium entwickelte sich der Boom, aus der Bundesrepublik in die Hauptstadt Berlin um- oder zurückzusiedeln. Wohnraum innerhalb des Innenstadtringes wurde kontinuierlich knapp und somit unbezahlbar. Die Einwohner- und Einwohnerinnenzahl von Marzahn NordWest stieg wieder an und wird weiter steil nach oben zeigen. Der CleanTech Business Park, das größte zusammenhängende Industriegebiet Berlins, wird in Zukunft auch vor Ort für zusätzliche Arbeitsplätze sorgen und das UKB (Unfallkrankenhaus Berlin) sowie die international bekannten „Gärten der Welt" mit der einzigen Seilschwebebahn der Stadt lassen den Grad der Bekanntheit Marzahn-Hellersdorfs auch auf Marzahn NordWest ausstrahlen.

Der Stadtteil wurde in den vergangenen drei Jahrzehnten und speziell auch in den letzten Jahren zu einem Schmelztiegel von Alt- und Neu-Berliner und Berlinerinnen aus der Innenstadt, von vormaligen DDR-Bewohner und -Bewohnerinnen, von ehemaligen Vetragsarbeiter und Vertragsarbeiterinnen aus Vietnam und weiteren befreundeten Staaten der DDR, von Russland-Deutschen, deren Vorfahren und Vorfahrinnen einstmals an der Wolga siedelten und mit Ausbruch des Weltkrieges nach Sibirien deportiert wurden, von anderen Osteuropäern und Osteuropäerinnen sowie ab 2014/2015 von Migranten und Migrantinnen aus Nah- und Mittelost und Afrika. Von ursprünglich befürchteten Problemen blieb der Kiez – bis auf wenige, wenn auch schlimme Ausnahmen – verschont. Die Wohnungswirtschaft, vertreten durch städtische, genossenschaftliche sowie private Investoren und Investorinnen, ist mit Planung und durch Realisierung bemüht, dem steigenden Wohnraumbedarf im Stadtteil zu begegnen und befindet sich auf einem guten Weg.

Ansonsten lebt es sich im Kiez mit grünem Umfeld sehr angenehm. Zahlreiche Organisationen und Vereine – teils beruflich, teils auch ehrenamtlich – bemühen sich um Verständigung zwischen den vielfältigen Menschen unterschiedlichster Nationen, die sich gelegentlich auch an den zahllosen Veranstaltungen wie Lesungen, Vorträgen, Konzerten, Festen und anderen Aktionen beteiligen. Die in diesem Buch beschriebenen Eindrücke stellen einen Querschnitt der Meinung der Bevölkerung dar; repräsentativ können sie allerdings nicht sein.

Der Autor dieser Zeilen lebt seit etwa einem Jahrzehnt in Marzahn NordWest. Er fühlt sich hier sehr wohl und hofft, dass das noch lange so bleiben wird. Er wünscht allen Bürgern und Bürgerinnen des Stadtteils – trotz völlig unerwarteter Coronapandemie mit diversen Einschränkungen – ein glückliches, zufriedenes Dasein und geht davon aus, dass sich Marzahn NordWest weiterhin zu einem liebens- und lebenswerten Kiez entwickelt.

Herzliche Grüße, bleiben Sie gesund.
Rolf A. Götte.

Statistik 1

Der Bezirk Marzahn-Hellersdorf hat im Vergleich aller Berliner Bezirke ein hohes Durchschnittsalter.

Anders bei uns: Es gibt mehr Kinder und Jugendliche als Rentner.

Der Anteil der Menschen zwischen 18 und 65 Jahren, also im erwerbsfähigen Alter, ist außerordentlich hoch.

Damit ist unser Stadtteil einer der jüngsten im Bezirk.

(Quelle: Demografiebericht Bezirksamt Marzahn-Hellersdorf, 2021)

Michael Lemke

„Niemand kann das ausschließen"
(Axel Matthies)

Der Ruf Marzahns draußen in der Welt des Sports ist leider nicht viel besser als sein allgemeines Image. Legendär die Fehlleistung des ZDF-Sportreporters Wolf-Dieter Poschmann, der im Angesicht des soeben errungenen Weltmeistertitels der Speerwerferin Betty Heidler während der Übertragung im Sommer 2009 ausgerufen hatte: *„Wenn man in Marzahn aufgewachsen ist und das unbeschadet überlebt hat, ist man zu allem fähig."* Offenbar hatte Poschmann nie die Möglichkeit, die schöne Trainingsanlage an der Allee der Kosmonauten zu besichtigen, auf der Betty groß geworden ist.

Dafür gibt es viele Übungsleiter, Betreuer und engagierte Kinder und Jugendliche, die hier im Bezirk trainieren und Großes vorhaben. Einen wollen wir vorstellen: Ees ist der langjährige Vorsitzende, Trainer und auch „Mädchen für alles" des „Marzahner Radsportclubs 94" kurz „MCR", Michael Lemke. Micha ist Urberliner, ist in Karlshorst groß geworden. 1985 bekam er, nach großem Krach wie er sich erinnert, endlich eine Dreiraumwohnung im Geraer Ring. Die Wohnung hatte weniger als 60 Quadratmeter und musste viele Jahre für Vater, Mutter und zwei Kinder reichen. Und sie reichte. Anfangs standen nur Häuser mit Eingängen, es gab keine Straßen, keine Bürgersteige, keine Geschäfte. Die S-Bahn fuhr schon. Zwischen Zuhause und S-Bahn war viel Lehm, trocken und matschig. Man muss das nicht überleben, wie Poschmann meint, man akzeptiert es und packt an. Die Generation der Erstbewohner hat diese positive Erinnerung.

Als die Wende kam, musste Micha erst mal nicht ganz neu anfangen; er war Kraftfahrer bei der Trabrennbahn Karlshorst. Später wechselte er in den Gartenbau. Kraftfahrer haben mit Rad fahren meist nicht viel am Hut. Aber plötzlich wollte sein Sohn Radrenner werden. Also suchte er nach einer Möglichkeit und fand den „Marzahner Radsportclub 94". Dieser war damals noch in Weißensee zu Hause. Er war als Nachfolger der im Radsport erfolgreichen „Betriebssportgemeinschaften Post" und „Rotation Berlin" gegründet worden. Seit der „MRC" namensgerecht zurück in Marzahn ist, das war 2003, hat sich Micha reingekniet, zuerst den Trainerschein C und später den B-Schein gemacht. Der Kraftfahrer wurde zum Radsportexperten. Und ist seit diesem Jahr Vereinsvorsitzender.

Der Verein hat aktuell 52 Mitglieder, die meisten sind Kinder und Jugendliche bis einschließlich U19, die meist der Traum eint, bei einer großen Tour eine Etappe zu gewinnen, eine legendäre Bergwertung oder gar das gelbe Trikot. Im Verein trainieren auch immer erwachsene Elitefahrer, also Fahrer der besten nationalen Kategorie. Bisher hat der „MRC" zwei ganz große Fahrer hervorgebracht: Guido Fulst und aktuell Maximilian Schachmann.

Micha Lemke hat viele junge Rennfahrer kommen und gehen sehen. Viele, so meint er, haben schon eine gewisse Qualität. Aber am Ende muss man immer das Besondere wollen. Seine Theorie besagt, dass 25 % der Leistung vom Training und dem Material bestimmt werden, 75 % hingegen seien eine Sache des Kopfes. Sportler müssen etwas wollen und sie müssen an sich glauben. Max Schachmann verfügte in seiner Zeit beim „MRC" über ein Rennrad, das 1.200 Euro wert war, der Preis für ein Allerweltsrad. Andere hätten dadurch Minderwertigkeitskomplexe bekommen, aber Max konnte davon absehen, trainierte hart und konzentrierte sich voll auf seinen Sport. Das Abitur machte er übrigens im Jahr 2016 am Barnim-Gymnasium – mit einem Durchschnitt von 1,2 – erinnert sich sein Trainer. Inzwischen hat der 27-jährige Fahrer zwei Mal den Klassiker Paris-Nizza gewonnen. Im Juli fuhr er in Tokio das olympische Einzelrennen.

Solche Ausnahmeathleten freuen Michael Lemke unglaublich. Aber der Alltag ist nicht von der Tour de France, dem Giro oder Weltmeisterschaften gekennzeichnet. Der Alltag ist gewöhnlich. Die Trainingsstrecken führen von Ahrensfelde hinaus nach Mehrow, Altlandsberg, Buckow, Strausberg. Die Länge der Trainingseinheit liegt je nach Altersgruppe zwischen 25 bis 70 Kilometern. Der Belastungspuls ist eingestellt zwischen 140 und 160 Schlägen. Dabei muss der Übungsleiter immer aufpassen, dass die Kraftfahrer aus Brandenburg den Kindern und Jugendlichen nicht zu nahe kommen. Die Finanzen des Vereins sind nicht üppig. Sie speisen sich zu 90 % aus Mitgliedsbeiträgen. Die restlichen 10 % kommen von Sponsoren. Das Bezirksamt stellt die Räume für die Radwerkstatt und das Ergometer-Training. Dafür müssen sie allerdings auch Miete zahlen. Und seine Frau Daniela ist Kassenwart und unterstützt ihn, wo es geht.

Während unseres Gesprächs telefoniert er mit seinem Trainerkollegen wegen der Reise zu einem Radrennen für Jugendfahrer in Rheinland-Pfalz. Von den Wortfetzen des Gespräches sollen einige aufgezählt werden:

- *Haben die Fahrer schon ihren Eigenanteil bezahlt?*
- *Ist die Übernachtung klar? Die darf höchstens bei fünfzig Euro pro Fahrer liegen.*
- *Wir müssen die Anfahrt in sechs Stunden schaffen, sonst wird es eng.*
- *Wie stellen wir die Verpflegung während des Rennens sicher? Nach dem Rennen sofort nach Hause, die Jungs müssen früh in der Schule sein. Für Duschen haben wir keine Zeit mehr ...*

Man kann es nicht hautnaher erleben. Auf eine andere Weise hätte Reporter Poschmann Recht: Wer diese Bedingungen im Amateursport kennt, wer sich trotzdem dagegen anstemmt und immer alles versucht: Der ist zu allem fähig.

Auch Micha Lemke ist seit vielen Jahren zu allem fähig. Deshalb freut er sich, wenn seinem Verein etwas Großes gelingt. Er will noch bis 70 dabei bleiben, dann muss sich der „Marzahner Radsportclub 94" neu aufstellen. Leider spricht kaum jemand über diese hoch engagierten Übungsleiter und Betreuer, die ohne Lob, ohne Fernsehen ihren Job machen, Kindern eine Perspektive geben und den Kiez beleben und befeuern. Wozu ist ein ehemaliger Marzahner Radfahrer bei Olympia fähig - zum Olympiasieg? Michael Lemke grinst in sich hinein: *„Niemand kann das ausschließen."* Und damit meint er noch viel mehr ...

P.S. Maximilian Schachmann schaffte es im olympischen Einzelrennen leider nicht auf das Podest. Am Ende wurde er Zehnter – ein herausragendes Resultat.

Hinweis: Auf das Gendern wurde in diesem Text zur besseren Lesbarkeit verzichet.

Statistik 2

Im Stadtteil Marzahn NordWest werden jährlich etwa 300 Kinder eingeschult. Jedes dritte Kind hat einen Migrationshintergrund.

Die Mehrheit ist schon in Deutschland geboren. Die meisten Eltern stammen aus Russland, Vietnam, Kasachstan, Polen und Syrien.

Die Mehrheit aller Einschüler verfügt nur über unzureichende Deutschkenntnisse. Deshalb starten sie in die Schulzeit mit Förderbedarf.

Alle Einschüler, die längere Zeit in der Kita waren, gehen in der Regel mit guten Voraussetzungen in die Schulzeit.

(Quelle: Einschulungsuntersuchung Bezirksamt Marzahn-Hellersdorf 2021)

Anna
„Ich sammle alles"
(Marion Baumann)

Anna fällt durch ihre Freundlichkeit und Empathie auf. Sie arbeitet in der Infothek des Nachbarschaftshauses von „Kiek in". Sie lässt die Besucher*innen in Listen eintragen, gibt geduldig die Büroschlüssel an die Mitarbeiter*innen aus, vermittelt bei Fragen und Problemen und strahlt dabei eine wohltuende Ruhe aus.

Sie kommt ursprünglich aus einem kleinen Dorf in Kasachstan. Bei unserem Gespräch hat sie einen Ordner dabei. *„Den habe ich mitgebracht. Sie müssen wissen: Ich sammle alles."* Fein säuberlich sortiert hat sie hier alle Unterlagen abgeheftet, die die Übersiedlung von Kasachstan nach Deutschland festhalten.

„Wir sind am 17.08.1995 in Hamm angekommen, das war unsere erste Station in Deutschland. Von dort ging es weiter nach Berlin-Marienfelde und dann in ein Marzahner Wohnheim in die Raoul-Wallenberg-Straße." Wenn Anna hier von wir spricht, dann meint sie ihre Mutter, ihren Mann, ihren Sohn, die Tochter und sich. Sie hatten zuvor in Kasachstan den Antrag gestellt, nach Deutschland überzusiedeln.

Dafür brauchten sie den Nachweis, dass sie Deutsche sind. Anna blättert in ihrem Ordner und zeigt mir die Übersetzung einer Bestätigung, dass ihre Mutter – 1918 geboren – mit deutscher Nationalität zur sogenannten Arbeitsarmee („Trudarmija") zwangsrekrutiert und im Bereich Straf- und Arbeitslager in Uchta, (einem Gebiet mit klimatischen Bedingungen des Hohen Nordens) von 1943 – 1947 zu verschiedenen Arbeiten eingesetzt war. Auch ihre Großmutter war dabei.

Anna erzählt mir, dass ihre Mutter immer wieder von der schweren Arbeit und den Umständen erzählt hat. Das hat sich in Annas Gehirn gebrannt. *„Sie mussten Bäume fällen, zerkleinern und Wege bereiten. Dafür bekamen sie einen kleinen Brotlaib. Den mussten sie sich für eine ganze Woche teilen. Das wird immer in meinem Kopf bleiben. Wie oft hat meine Mutti zu meiner Großmutter gesagt: Ich habe Hunger, hast du ein Stück Brot? Meine Großmutter musste dann sagen: Heute hast du schon gegessen, wir müssen es einteilen."*

Anna kann sich auch gut an die Erzählung ihrer Mutter und ihrer Großmutter erinnern, als die beiden mit Kriegsbeginn von jetzt auf sofort nur mit dem, was sie auf dem Leib hatten, Russland verlassen mussten und in Kasachstan gelandet sind. *„Die Russen befürchteten sonst, dass die deutschen Leute den deutschen Soldaten helfen würden. Sie hatten nichts, weil sie wirklich alles zurücklassen mussten. Da waren es die Dorfbewohner aus Kasachstan, die uns was zu Essen brachten und uns das Überleben sicherten."*

Doch die Bescheinigung über die deutsche Nationalität hat ihnen später bei der Bewilligung zur Übersiedlung nach Deutschland geholfen.

Anna lebte in einer deutschen Community in Kasachstan und ihre Mutter und Großmutter sowie ihre beiden älteren Brüder haben zu Hause auch nur deutsch gesprochen. Bei ihnen ist es üblich, dass die Generationen aus einer Familie alle unter einem Dach leben. Das machte auch die Übersiedlung einfacher – so Annas Überzeugung. Selbst ihre älteren Brüder kamen mit ihren Familien nach Deutschland. Wladimir, der Ältere von beiden, kam 2002 und Friedrich 1998.

„War das nicht eine riesige Umstellung für Sie von einem kleinen Dorf in eine so große Stadt wie Berlin zu ziehen und dann noch zwischen Hochhäusern zu landen, wie sie typisch für Marzahn sind?" Anna nickt: *„Oh ja, ich hatte immer Angst, wenn ich in der Straßenbahn fuhr, dass ich auch wieder nach Hause finde. Wir bekamen zum 1.12.1995 eine Vierraumwohnung und waren glücklich, dass es so schnell geklappt hat. Wir waren angekommen und konnten nach ein paar Rennereien wegen der Papiere und Anträge unser Leben gestalten. Hier in Marzahn hatte unser Sohn Sascha gleich einen Freund. Er hat in der 3. Klasse seinen Freund Matthias gefunden, mit dem er heute im erwachsenen Alter immer noch befreundet ist. Meine Tochter Marina wurde hier eingeschult. Die beiden sind 1985 und 1988 geboren."*

Zehn Jahre später schenkt Anna in Deutschland drei weiteren Töchtern das Leben. Sie wurden 1998, 2000 und 2004 geboren.

Alle Kinder leben inzwischen in eigenen Wohnungen und gehen ihren Weg, außer Anna-Mari, die Jüngste. Sie ist das Nesthäkchen und lebt noch bei Anna. Ihr ältester Sohn ist verheiratet und hat schon zwei Kinder, die bereits die Schule besuchen. Ihre älteste Tochter hat sie mit einem dritten Enkel glücklich gemacht und ist gerade in der Babypause. Sie ist sehr stolz auf den Werdegang ihrer Kinder und auf das Verhältnis, was alle miteinander pflegen. *„Auch wenn sie nicht mehr bei mir wohnen, sehen wir uns regelmäßig. Ich koche und backe dann gerne für sie und wir freuen uns auf die gemeinsamen Stunden."* Ihre drei jüngsten Mädchen sind auch auf einem guten Weg. *„Sandra studiert Psychologie, Victoria ist inzwischen ausgebildete Zahnarzthelferin und Anna-Mari ist auf dem Weg, Kinderkrankenschwester zu werden. Ich bin sehr stolz auf alle. Leider konnte das meine Mutti nicht mehr miterleben. Sie ist 2001 verstorben."*

Ich frage Anna, ob sie denn gleich nach ihrer Übersiedlung in Marzahn ins Berufsleben starten konnte. *„Ja, das ging ganz gut. Mein Mann bekam gleich eine Arbeit als Produktionshelfer bei der Walter Automobil-Technik GmbH und* *ich habe mich selbst bemüht um eine eine Arbeit in der Küche im Unfallkrankenhaus. Ich hatte natürlich Angst, die Leute um mich herum akustisch nicht zu verstehen, aber als das klappte, war es kein Problem mehr für mich. Es hat mir Spaß gemacht, dort zu arbeiten. Ich finde, wenn man die Sprache kann, ist es um vieles einfacher, sich zu integrieren. Was man nicht versteht, kann man fragen. Und wenn man nett zu anderen ist, sind die auch nett zu einem."*

Anna ist eigentlich gelernte Bürokauffrau. Leider kann sie nicht mit dem Computer umgehen. Durch ihre Babypausen und dann Kindererziehungszeiten hat sie es verpasst, die Anwendung dieser Technik zu erlernen. Dabei wäre es ihr Wunsch, wieder als Bürokauffrau zu arbeiten.

„Ich bin für alles so dankbar. In Kasachstan bin ich nicht in die Kirche gegangen. Aber hier habe ich den tiefen Glauben an Gott gefunden. Ich gehe hier regelmäßig in die Kirche und habe mich auch taufen lassen. Ich bin heute überzeugt, dass Gott mir immer in schwierigen Situationen geholfen hat. Ich bete und danke ihm jeden Tag dafür, dass es mir gut geht, dass ich gesunde Kinder und Enkel habe, eine schöne Wohnung, eine Arbeit und für alle satt zu essen, einfach für ALLES."

Sie fühlt sich angekommen in Marzahn. *„Ich habe viele nette Nachbarn. Oft tauschen wir Gebackenes aus und haben gute Gespräche."* Gefragt nach Heimweh antwortet sie: *„Ich habe kein Heimweh, denn mein Zuhause ist hier."*

Wolfgang Emanuel

„Als Spieß, Mutter- und Vaterersatz"
(Marion Baumann)

Wolfgang Emanuel kommt aus einer katholischen Familie. Nach dem Tod des Vaters zieht seine Mutter alle fünf Kinder allein auf. Das jüngste Kind ist zu diesem Zeitpunkt zwei Jahre alt, das älteste elf Jahre. *„Unsere Mutter hat uns Kinder mitgenommen in die Wochenkrippe, da hat sie gearbeitet. Wir Kinder waren nie bei den Pionieren und auch nicht in der FDJ. Wir mussten auch sehr schnell selbstständig werden. Wenn andere Kinder in der Nähe von Rehfelde, unserem Wohnort, zum Baden gefahren sind, waren wir auf dem Rübenacker und haben geholfen, Rüben zu hacken."*

Nach der Schule erlernt er den Beruf des Heizungsinstallateurs bei der Technischen Gebäudeausrüstung in Hennickendorf. *„Als ich mich danach bei der NVA verpflichtet habe, hat meine Mutter längere Zeit nicht mit mir gesprochen."*

Von November 1965 bis Oktober 1990 – 25 Jahre – steht er im Dienst der Nationalen Volksarmee (NVA) und nach der Wende neuneinhalb Jahre im Dienst der Bundeswehr. Eine lange Zeit, die ihm beruflich Erfolg bringt, aber privat das eine und auch andere Opfer abverlangt. Während er bei der NVA Stabsoberfähnrich und Hauptfeldwebel ist, dient er bei der Bundeswehr als Kompaniefeldwebel. Sein Wohnort bei Armeeantritt ist Strausberg, sein Einsatzort auch.

Dort hat er im Verlaufe der Jahre in drei Wohngebieten gewohnt. Mit seiner ersten Frau hat er zwei gemeinsame Kinder, 1976 die Scheidung. Dann heiraten sie noch einmal und wieder Scheidung im Jahr 1978. Mit der Scheidung zieht er in ein Wohnheim. Insgesamt haben sie es sieben Jahre miteinander ausgehalten. *„Sie müssen sich vorstellen: Bei der Armee bekommen Sie morgens einen Befehl, den Sie befolgen müssen. Da gehen Sie aus dem Haus und können der Frau nicht sagen, wann und ob Sie überhaupt wiederkommen. Damals gab es noch keine Handys. Sie konnten sich nicht verständlich machen und selbst wenn, hätten Sie es nicht gedurft. Das hat viele Ehen vor eine große Herausforderung gestellt und und daran sind natürlich auch viele gescheitert, so auch meine erste Ehe."*

Jahre später – 1985 – lernt er seine zweite spätere Frau kennen. Sie ist aus Prenzlauer Berg, alleinerziehend mit drei Kindern im Alter von einem, 14 und 16 Jahren. Sie beziehen eine große Wohnung in der Mehrower Allee 100. Kurz vor der Wende im Dezember 1989 folgt dann die Heirat.

Als die Wende kommt, ist es nicht selbstverständlich, dass Wolfgang in die Bundeswehr übernommen wird. Es mussten zwei Jahre Probe überstanden werden und man durfte keine Stasi-Vergangenheit haben. So wird Wolfgang 1990 übernommen und 1992 vom Bundesministerium für Verteidigung als Berufssoldat ernannt. Er ist für vier Jahre Kompaniefeldwebel und sorgt für gute Rahmenbedingungen der Unteroffiziere und Mannschaften, die ihm unterstehen – einschließlich dem dazugehörigen Fuhrpark. *„Man ist als Spieß auch eine Art Mutter- und Vaterersatz für die jungen Menschen."*

1996 folgt dann die Versetzung. Da ist er Inspektionsfeldwebel mit gleichen Aufgaben aber für eine Kompanie, die nur Lehrgänge durchführt und für die Ausbildung der Ausbilder verantwortlich zeichnet. Ich frage ihn, ob er große Probleme bei der Umstellung in die Bundeswehr hatte. *„Nein, es gab hier wie da kameradschaftliches Verhalten. Ich habe mich nie als Parteisoldat gefühlt, sondern eher als Soldat, der dem Volk dient. Viele denken, Bombenjob bei der Armee, aber Militär ist kein Beruf, das ist eine Berufung.*

Man muss auch damit leben können, dass man zuweilen gnadenlose Entscheidungen treffen muss. Dazu wird man gemacht. Die Bundeswehr hat aber auch eine menschliche Komponente nach dem Motto: Was ist, wenn mir dies oder das passiert wäre. Mit 53 Jahren wurde ich pensioniert. Als Pensionär bekommt man 70 % vom Gehalt für den Ruhestand."

Wolfgang fühlt sich nach all den Jahren aber noch nicht als Rentner/Pensionär. Seit 2000 ist er ehrenamtlich tätig für die Seniorenvertretung unseres Bezirkes. Seit er verheiratet ist, lebt er in der Mehrower Allee. Sie sind die einzigen im Block, die im Erstbezug dort wohnen. Fünf Jahre nach der Silbernen Hochzeit verstirbt Wolfgangs Frau am 26. Januar 2020 an Krebs. Ein Erinnerungsfoto mit Kerze und ihrer Lieblingskette erinnern ihn in seiner Wohnung an eine glückliche Zeit mit seiner Frau. Er blickt mit großer Dankbarkeit auf die gemeinsame Zeit zurück. Zu den Kindern hat er nach wie vor ein gutes Verhältnis und steht ihnen mit Rat und Tat zur Seite – besonders als es um die Berufswahl geht. Ein Sohn wohnt auch um die Ecke.

"Wenn ich auf dem Balkon stehe, sehe ich ins Grüne. Obwohl meine Wohnung, in der ich jetzt allein lebe, im vierten Stock ohne Fahrstuhl ist, kriegt man mich hier nur raus, wenn ich krank bin und keine Treppen mehr steigen kann. Ich habe bis vor fünf Jahren noch jeden zweiten Tag Sport getrieben – sechs Geräte an sechs Stationen, 500 Meter laufen und danach in die Sauna, war mit meiner Frau einmal pro Jahr gemeinsam im Urlaub. Die Nachbarn hier kennen sich alle und sind gut miteinander. Mein Stadtteil ist mir zur Heimat geworden, würde in kein anderes Wohngebiet ziehen. Außerdem ist Wohnraum hier noch bezahlbar, auch für Mieter mit geringerem Einkommen. Zum Glück kann ich mir die große Wohnung weiter leisten. Ich engagiere mich auch gern weiter ehrenamtlich. Ich freue mich immer, wenn ich auf Gleichgesinnte treffe. Unsere Vorsitzende ist ja ein absolutes Energiebündel und erreicht auch viel. Ich denke manchmal, dass unsere ehrenamtliche Arbeit nicht so richtig geschätzt wird. Manchmal rennt man gegen Windmühlen wie zum Beispiel bei der Digitalisierung. Dabei hat uns doch gerade Corona gezeigt, wie Menschen trotzdem Verbindung halten können, ohne präsent zu sein."

Wolfgang erzählt ganz begeistert von einem Modell, dass in einem Pflegeheim entwickelt wurde. Da konnten Bewohner und Bewohnerinnen mittels Knopfdruck auf einem kleinen Bildschirm vor ihnen, Kontakt zur Familie zu Hause herstellen. *„Das wäre auch ein Modell für Krankenhäuser, wenn Angehörige aus unterschiedlichen Gründen nicht zu Besuch kommen dürfen. Wie viele mussten ihre Krankheit in Einsamkeit austragen? Aber dazu braucht es halt diese Endgeräte, die sich nicht jeder leisten kann und eine Einweisung, wie man damit umgeht."*

Wolfgang fühlt sich im Stadtteil schon lange angekommen, eigentlich seit seiner Heirat 1989 und er will sich weiter für die Gemeinschaft engagieren, auch wenn er inzwischen auf die 75 Jahre zugeht.

Piotr Ivanovich

„Brücken bauen mit Musik"
(Oleksandra Bienert)

„Du bist so direkt, wie die transsibirische Eisenbahn!" hatte Piotr Ivanovich Kabachny manchmal zu seiner Frau in der Jugend gesagt. Seine Frau war Nachfahrin der Spätaussiedler und Spätaussiedlerinnen. Piotr und sie wuchsen beide in der ostukrainischen Stadt Kharkiv (damals Charkow/Sowjetunion, heute Ukraine) auf. Dort kamen ihre beiden Kinder zur Welt. Mit 47 Jahren ist er mit seiner Familie nach Deutschland gezogen- direkt nach Marzahn-Hellersdorf.

In dem „Vormarzahner Leben" ging es ihm ganz gut, erzählt Piotr. In Kharkov hat er 1967 die „Makarenko-Schule" absolviert. Sie befand sich in der Nähe der Kharkover „Makarenko-Kolonie" und er kannte einige Schüler und Schülerinnen von dort – alles sehr respektable Personen. Manche wurden zu bekannten Ingenieure und Ingenieurinnen und Arbeiter und Arbeiterinnen. Parallel zur Schule hat Piotr noch die Musikschule besucht und abgeschlossen. Zur gleichen Zeit hat er von seinem Vater ein deutsches Knopfakkordeon bekommen und gern darauf gespielt. In dem selben Jahr ist er zur Uni gegangen. Sein Studienfach hat Piotr selbst ausgewählt. Pharmazeutik – das schien ihm ein sehr geheimnisvoller Bereich zu sein und es klang richtig interessant. In der Schule war er gut in Chemie, Botanik und Biologie, so fiel seine Wahl leicht auf dieses Fach, als er über den Beruf nachgedacht hat.

Nach fünf Jahren Studium ist Piotr mit 22 Jahren nach Poltava in der Zentralukraine gezogen und dort zur Armee gegangen, um anschließend frei entscheiden zu dürfen, wohin seine Reise weitergeht. So waren die Regeln damals. Er kehrte nach Kharkiv zurück und ist zum „Kharkiver Forschungs-Wissenschaftlichen Chemie-Pharmazeutik-Institut" gegangen. Dieses Institut hat die Produktion der Arznei in den sowjetischen Werken geleitet. Dort wurde er 1974 zunächst als Mitarbeiter eines Labors angestellt. Er hatte Glück und traf einen sehr guten Mentor. Nach vier Jahren war seine Doktorarbeit fertig, was eine Ausnahme darstellte. So schnell hat dort noch keiner eine Dissertation verteidigt.

Piotr ist am Institut geblieben, wurde Teamleiter, schließlich wissenschaftlicher Mitarbeiter. 1990 hat Piotr habilitiert, wurde Abteilungsleiter und dann Laborleiter. Dort wurde er zu einem führenden Fachmann sowohl in der Sowjetunion als auch in der „Gemeinschaft Unabhängiger Staaten" (GUS) im Bereich der Arznei, die auf Basis von pflanzlichen Produkten produziert wird. Mit dem Zerfall der Sowjetunion hat das Institut bis 2000 weiter gearbeitet. Danach ist Piotr zu einer privaten Firma gewechselt, die im Bereich des Arzneivertriebes arbeitete. Dort war er stellvertretender Direktor. Sie waren erfolgreich.

Die 1990er waren schwer in der Ukraine. Das Leben wurde sehr kompliziert. Es schritt ein progressiver Zusammenbruch der Wissenschaft und der Wirtschaft nach dem Zerfall der Sowjetunion voran. Zuerst zahlte man das Gehalt mit großer Verzögerung und später hat man damit ganz aufgehört. *„Man musste irgendwie weiterleben, Kinder ernähren"*, erzählt Piotr. Seine Frau und er nahmen beliebige Arbeit an, nur um zu überleben. Da seine Frau eine Nachfahrin der „Spätaussiedler und Spätaussiedlerinnen" war, kam irgendwann die Frage des Umzugs nach Deutschland auf. Das sahen sie als Chance, etwas im Leben zu verändern, eine bessere

Zukunft für ihre Kinder zu haben. Als er mit 47 die Ukraine Richtung Deutschland verließ, war er ein gestandener Professor mit Erfahrung in der Leitung eines einzigartigen Labors sowie ein anerkannter Wissenschaftler im Bereich pflanzlicher Fermente mit eigenen Publikationen und groß gezogenen Doktoranden und Doktorandinnen. Fortgegangen aus der Ukraine ist er nicht, weil er das unbedingt wollte. Vielmehr, weil ihn am Ende die Lage in der Wissenschaft dazu gezwungen hat.

Sie sind mit seinen Schwiegereltern am 1. September 1997 in Berlin angekommen. Da sie Bekannte im Bezirk Marzahn-Hellersdorf hatten, sind sie gleich hierhergezogen. Piotr war bis dahin noch nie im Ausland. Besondere Erwartungen hatte er nicht, was die Arbeit anging, Illusionen auch nicht.

Bei vielen Laboren hat sich Piotr beworben – alles vergeblich. „Zu ihrer Qualifikation können wir leider nichts anbieten", war die Antwort. Manchmal sagten die Arbeitgeber und Arbeitgeberinnen, bei denen er sich meldete direkt: „Sie sind überqualifiziert." Oder: „Solche Fachmänner brauchen wir nicht." Es hat ihn sehr gewundert, dass in Deutschland Fachmenschen aus der höchsten Kategorie nicht gefragt sind. Er hatte einen sehr großen Wunsch zu arbeiten und nützlich für die Gesellschaft zu sein. Aber dieser Wunsch hat sich nicht vollends bewahrheitet. Heute, wenn Piotr auf seine berufliche Laufbahn in Deutschland zurückblickt, sagt er: *„Ich bin nicht beleidigt. Es ist nur schade, dass ich nicht als Fachmann in Deutschland arbeiten konnte. Ich könnte hier sehr viel beitragen, für das Land und auch für die Menschen."*

Piotr hat dann versucht, woanders zu arbeiten, bei verschiedenen und Arbeitgeberinnen. Er war froh über jede Arbeit. Unter anderem war er in einem Verein tätig, der künstlerische Ausstellungen organisiert hat. Damals hat er auch Alexander Reiser vom Verein der Spätaussiedler „Vision e. V." kennengelernt. Alexander hat ihm mit Kontakten und Vermittlung geholfen. Piotr hatte später eine eigene Firma eröffnet und pharmazeutische Ausstattung in die Ukraine verkauft. Aber die Firma musste er irgendwann schließen. In der Ukraine kaufte man inzwischen viel lieber billige chinesische Ausstattung, keiner wollte gebrauchte deutsche Technik.

Man hat ihm vorgeschlagen, in die Ukraine zurückzugehen oder nach Russland. Ihm wurde sogar die Leitung eines Lehrstuhls angeboten. Piotr informierte sich – das vorgesehene Gehalt wäre nicht hoch – es wäre nicht möglich gewesen, damit leben zu können, was sich auch heute in der ukrainischen Wissenschaft fortsetzt. Und er hat sich gegen die Rückkehr entschieden.

Marzahn-Hellersdorf mochten Piotr und seine Familie von Anfang an. Mit der Familie haben sie nach der Ankunft in Deutschland hier eine Wohnung ausgesucht und sind eingezogen. Alles gefiel ihnen. Und was nicht gut war, haben sie selbst zurechtgemacht. Das einzige, was sie in der Wohnung nicht wirklich mochten, waren die dunkelblauen Kacheln. Die hat Piotr dann selbst neu verlegt.

Nach und nach hat er Freunde und Freundinnen in Marzahn-Hellersdorf gefunden. Man grüßt sich, man fragt einander, wie es einem geht und man leiht voneinander Werkzeug aus. Ein Nachbar fragte neulich nach einer Säge. *„Kein Problem!"*, sagte Piotr. Seine neuen Freunde und Freundinnen, die er in Deutschland fand, kommen meistens aus (dem ehemaligen) Ostdeutschland. Hochintellektuell. Sehr klug. Manche sind Lehrer*innen, Diplomaten*innen. *„Ost- und Westdeutsche unterscheiden sich"*, sagt Piotr. *„Die Ostdeutschen sind zu Russischsprachigen mehr loyal. Und haben mehr Ähnlichkeiten in der Mentalität mit uns"*. Andere Freunde und Freundinnen traf Piotr auf der Datscha – im Gartenverein. Seine Datscha ist in Mahlsdorf, nähe Hönow. Da wächst alles – schwarze und rote Heidelbeeren, Äpfel, Stachelbeeren, Quitten, Pflaumen, Kirschen, Süßkirschen, Trauben. Vor kurzem hat er drei neue Stachelbeersträucher gepflanzt. *„Die Erde ist hier anders, als in der Ukraine. Dort ist Schwarzerde, da wächst alles viel besser."*

Durch Schicksalsschläge, die er in Deutschland erlebte, öffnete Piotr sich mehr. Auch durch den „Vision e. V." in Marzahn Nord hatte er neue

Freunde und Freundinnen kennengelernt. Hier blühte plötzlich seine langjährige Liebe und Begeisterung zur Musik mit neuer Kraft auf. Er wurde von Alexander Reiser eingeladen, sich dem „Vision e. V." anzuschließen. Er kam mit seinem Knopfakkordeon dazu. Auf dem Instrument spielte er schon seit 53 Jahren. Bei „Vision e.V." hat Piotr einen Chor aufgebaut. Bis zu 17 Musikbegeisterte kommen. Sie singen deutsche und russische Lieder, sie haben mittlerweile ein gutes Repertoire: Rund 40 Lieder haben sie gemeinsam einstudiert. Vor allem kommen Frauen verschiedenen Alters zum Chor – und singen, wie sie sagen –: „für die Seele". Bei „Vision e. V." hat Piotr wieder mit Vorträgen angefangen. Er erzählt über Phytotherapie und über Komponisten. Immer finden diese Vorträge begeisterte Zuhörer- und Zuhörerinnen, auch unter deutschen Marzahnern und Marzahnerinnen. Manchmal übt er mit dem Akkordeon portugiesischen Tango zu Hause – und die Nachbarin von oben kommt vorbei. Als sie das erste Mal kam, fragte sie: *„Wer spielt denn so schön hier? Meine Seele ist aufgegangen, als ich es gehört habe!"* Was ihn auch freut: Er wird mehr und mehr zu den Auftritten eingeladen, wie neulich beim „Interkulturellen Frühlingsfest" in Marzahn Nord.

Den Bezirk Marzahn-Hellersdorf findet Piotr bis heute schön. Besonders mag er die „Gärten der Welt". Er mag, dass es hier so grün und so leise ist. Das merkt man gut, wenn man aus der Ukraine kommt – es ist eine so schön „singende Leere", wie er sagt. Im Osten Berlins fühlt er sich generell besser. Die Häuser sehen wie gewohnt aus – wie in Kyiv und Kharkiv. Außerdem ist hier mehr Freiraum. Es sind nicht so viele Autos und nicht so viele Menschen an einem Ort.

Hier lebt seine Familie. Hierher kommt er zurück, wenn er von den Reisen kommt. Hier sind seine Bücher – die große Bibliothek, die er aus der Ukraine damals mitgenommen hat, zählt bis zu 300 Bücher – schöngeistige und Fachliteratur. Eine Atmosphäre des gegenseitigen Verständnisses und der Hilfe ist eingetreten. Der Enkel ist hier – einen Wunsch zurückzukehren hat Piotr nicht. Er hat hier gute, freundliche Menschen getroffen. In Marzahn fühlt sich Piotr nun zu Hause. Er ist hier angekommen.

Ahrensfelder Terrassen

Nach 1990 setzte vor allem in Marzahn Nord, dort in den Elfgeschossern, ein massiver Wegzug ein. Um das Jahr 2000 stand nahezu jede dritte Wohnung leer.

Es entstand die Überzeugung, die von allen politischen Lagern geteilt wurde, einen Teil der Elfgeschosser zu Gunsten einer lockeren, flachen Silhouette zurückzubauen.

Von 1 670 Wohnungen in 22 Gebäuden blieben 447. Jedes Haus bekam einen Aufzug und überwiegend ebenerdig zugängliche Kinderwagen- und Fahrradabstellräume.

Differenzierte Gestaltung der einzelnen Gebäude mit Dachterrassen-Einschnitten, mehreren Balkontypen und Farben in verschiedenen warmen mediterranen Tönen tragen zur Identifizierung der Bewohner und Bewohnerinnen mit ihrem Haus bei.

Das Projekt Ahrensfelder Terrassen war zugleich ein Zusammenspiel von städtischer Planung und verantwortungsvoller und selbstbewusster Bürgerbeteiligung, in deren Resultat viel mehr heraus kam, als geplant war.

Dass zudem Schulen, Kitas und andere Gebäude der sozialen Infrastruktur zurück gebaut wurden, erwies sich später als Fehler.

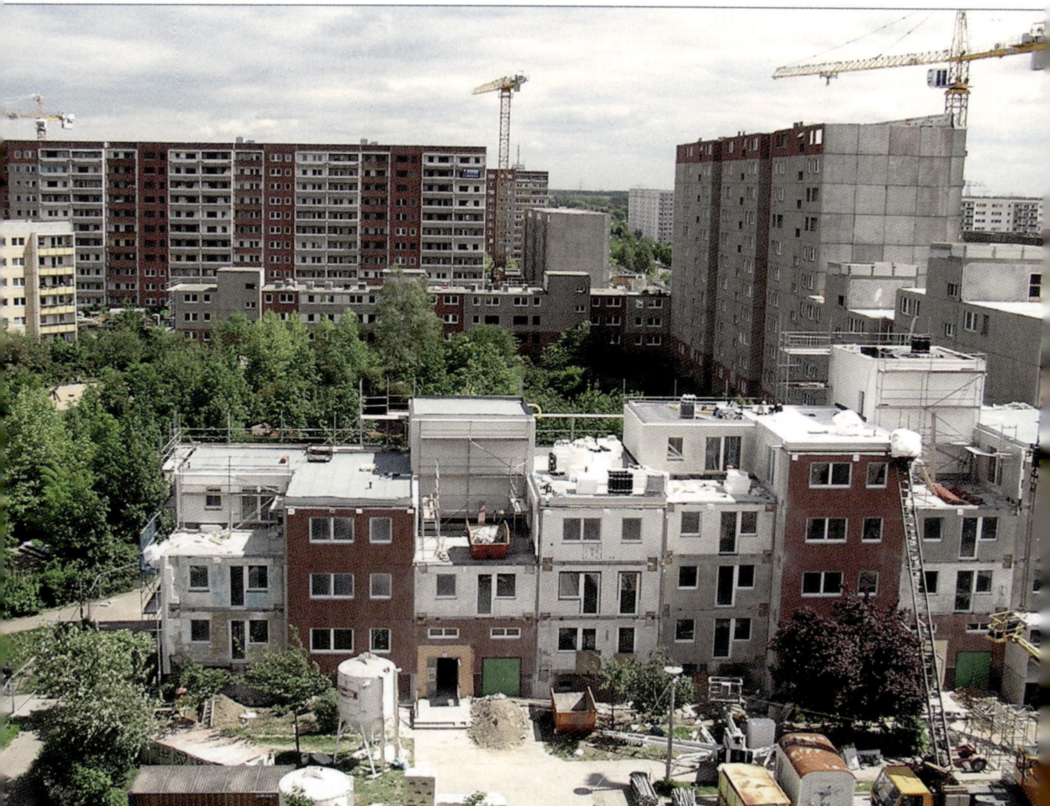

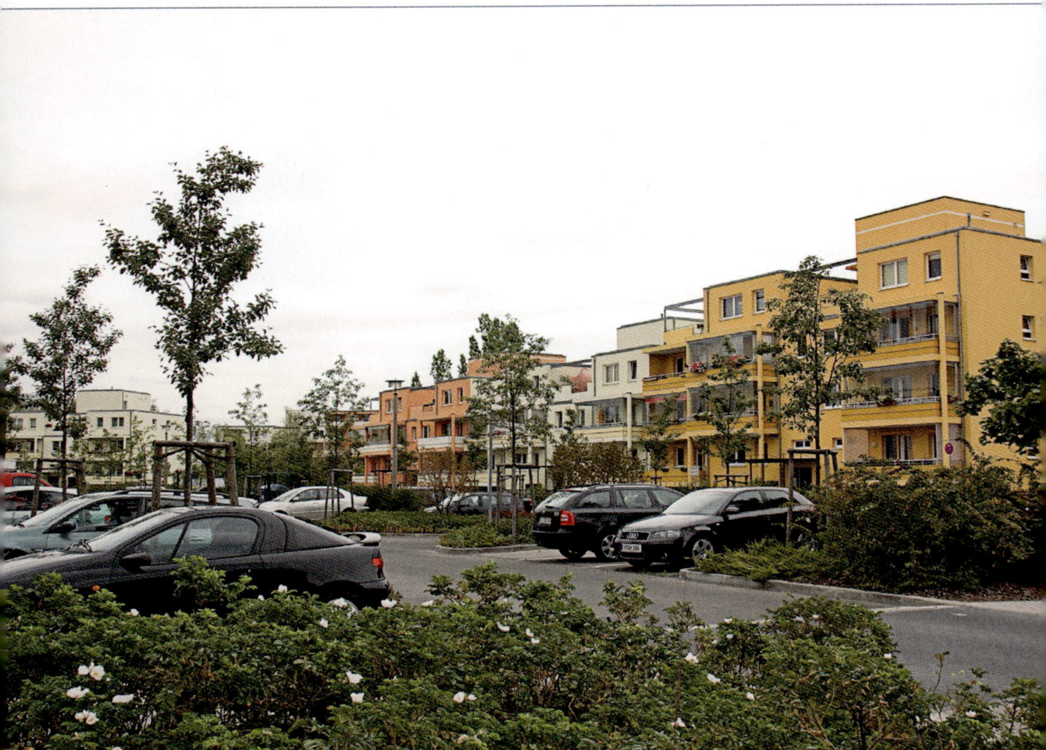

Marianne Marquardt

„Die Wende, nicht 1989, sondern bereits 1987"

(Eigenbeitrag)

Die Wende in unserem Familienleben ereignete sich nicht 1989, sondern eigentlich schon zwei Jahre früher.

Unser bis dahin ziemlich monoton verlaufender Alltag veränderte sich schlagartig, als wir nach hoffnungslosem Bemühen um eine andere Wohnung, plötzlich und unerwartet, eine Zuweisung für eine Neubauwohnung in unserem Briefkasten vorfanden. Fast 25 Jahre wohnten wir im Altbaugebiet von Weißensee; hatten uns von einer Einraumwohnung (schwervermietbar, Toilette auf dem Hof) im Laufe der Jahre bis zur Zweieinhalbzimmerwohnung mit Bad hoch- gearbeitet. Allerdings hatte diese Wohnung so schadhafte Dielen, dass sich nicht nur schwarze Dreckstreifen auf der hellen Auslegeware abzeichneten, sondern auch unsere Schrankwand im Wohnzimmer beim ausgelassenen Spielen der Kinder bedrohlich ins Schwanken kam.

Aber alle Anträge bei der staatlichen Wohnungsverwaltung, die Dielen zu erneuern oder anderweitig Abhilfe zu schaffen, blieben erfolglos. Da kam mein Ehemann auf die Idee, sich kurz vor den Kommunalwahlen mit einer Eingabe an den Bezirksbürgermeister zu wenden. Er hat unsere

Situation wohl sehr drastisch geschildert und vielleicht auch anklingen lassen, dass unser Vertrauen zur staatlichen Wohnungsverwaltung und somit auch zum Arbeiter- und Bauernstaat erheblich gestört war, obwohl wir bisher … usw.

Das muß wohl den Ausschlag gegeben haben, denn wir erhielten in kürzester Zeit die Zuweisung für eine Neubauwohnung. Übrigens war mein Mann zur damaligen Zeit wohl einer von vielen, die auf diese Art und Weise ihre Probleme zu lösen versuchten und Hilfe bekamen. Man mußte nur den richtigen Zeitpunkt abpassen!

Nun sollten wir also im Dezember 1987 eine komfortable Neubauwohnung in Berlin-Marzahn beziehen. Das war wie ein Sechser im Lotto, zumindest für alteingesessene Berliner und Berlinerinnen. Denn üblicherweise bekamen die Zugereisten aus der Republik, die aus den verschiedensten Gründen dringend in Berlin gebraucht wurden, diese Wohnungen. Und zum Ärger der Berliner und Berlinerinnen blieben die in ihren maroden Altbauwohnungen sitzen.

Wir konnten unser Glück nicht fassen. Dass die Häuserreihen grau und eintönig aussahen, störte uns wenig. Wir waren begeistert von unserer Wohnung, helle, lichtdurchflutete Zimmer mit Zentralheizung, Warmwasser und einem großen Balkon mit freiem Blick über unser Wohngebiet. Nicht zu vergleichen mit der engen dunklen Straße in Weissensee, in der uns die auf der anderen Straßenseite wohnenden Nachbarn und Nachbarinnen nicht nur beim Frühstücken zusehen konnten. Wenn im Sommer das Wohnzimmerfenster geöffnet war, ließ der Verkehrslärm die Fernsehsendungen zu Stummfilmen werden und die Unterhaltungen konnten nur in entsprechender Lautstärke geführt werden.

Die größte Errungenschaft war aber für uns die fernbeheizte Wohnung. Endlich keine Kohlen mehr schleppen, morgens nicht mehr zwei Stunden früher aufstehen müssen, um den Ofen rechtzeitig anzuheizen, kein kaltes Bad und keine Ascheeimer, die so viel Schmutz machten. Welch ein Komfort, welch eine Erleichterung im Haushalt!

Mit dem Umzug nach Marzahn NordWest begann für uns tatsächlich ein neues Leben. Zwar mußten wir täglich über verschlammte und mit Bauschutt übersäte Trampelpfade zum S-Bahnhof im wahrsten Sinne des Wortes waten und in überfüllten S-Bahnzügen zur Arbeit fahren, aber unser schönes Zuhause entschädigte uns für alle Widrigkeiten.

Ganz Berlin fuhr morgens um die gleiche Zeit zur Arbeit, denn in den meisten Betrieben begann die Arbeitszeit pünktlich um sieben Uhr, Gleitarbeitszeit kannte man damals noch nicht. Und so fuhren auch in Marzahn die Arbeiter und Arbeiterinnen und Angestellten zwischen fünf und sechs Uhr zur Arbeit. Schon in der Otto-Winzer-Straße (heute Märkische Allee) bekam man kaum noch einen Sitzplatz und ab Bruno-Leuschner-Straße (heute Raul-Wallenberg-Straße) mußte man zu Stoßzeiten befürchten, es nicht mehr zu schaffen, sich in den vollbesetzten Zug zu drängen.

Da hatten wir es besser. Der S-Bahnhof Ahrensfelde war Endstation, Sitzplatz demzufolge garantiert. Hatte man Platz genommen, wurden schnell die dreckverschmierten Treter gegen salonfähige Schuhe ausgewechselt, so dass man nicht gleich als Marzahner Neubewohner und -bewohnerinnen erkannt werden konnte. Zum Feierabend spielte sich Ähnliches ab, nur in umgekehrter Reihenfolge.

Ich arbeitete damals am Rosenthaler Platz und konnte somit bequem bis zum S-Bahnhof Marx-Engels-Platz (heute Hackescher Markt) durchfahren. Nach einem kurzen Fußweg durch die Große Hamburger zum Koppenplatz war es nicht mehr weit bis zu meinem Dienstgebäude in der Wilhelm-Pieck-Straße (heute Torstraße).

Heute zählt diese Gegend zu den beliebtesten Szenevierteln Berlins, damals war es eine ziemlich öde Gegend mit Häusern, die an Zilles Zeiten erinnerten. Die alten Häuser sind alle saniert und kleine Boutiquen, Handwerksläden und urige Kneipen prägen das heutige Viertel. Auch das Haus in der Torstraße wurde Ende der neunziger Jahren zu einem mondänen Wohn- und Geschäftshaus umgebaut und in eine der komfortablen Wohnungen soll der berühmte Hollywood-Regisseur Wim Wenders eingezogen sein. Aber zurück in das Jahr 1987 und meinem Arbeitsplatz in der Wilhelm-Pieck-Straße. Zum Feierabend auf dem Weg zur S-Bahn kaufte ich alles ein, was man zum täglichen Leben brauchte und mit Mühe schleppte ich, wie viele andere Frauen auch, die schweren Einkaufstaschen nach Hause.

Die Kaufhallen im unmittelbaren Umkreis unserer Wohnung in Marzahn standen noch im Rohbau und die Fertigstellung ließ auf sich warten. Dafür waren Schulen und Kindergärten bereits fertiggestellt. Sie waren mit lärmenden Kindern gefüllt und das war gut so. Denn es gab eine Menge Kinder in unserem Kiez. Fast alle Muttis waren berufstätig und sie wussten ihre Kinder in den Kitas und Schulhorten gut aufgehoben.

Zeit war damals Mangelware und so konnten die jungen Familien froh sein, wenn sie hilfsbereite Rentner und Rentnerinnen in der Nachbarschaft kannten, die ihnen manche Besorgung abnahmen.

Viele Jahre sind seitdem vergangen. Manches hat sich verändert. Die Fassaden der Häuser sind bunter, aus den Trampelpfaden sind asphaltierte Straßen und gepflegte Grünanlagen geworden. Unser Haus wurde nicht nur saniert sondern auch modernisiert. Neue Wechselsprechanlage, gefliestes Bad, neuer Balkon; alles chic und fein.

Trotz alledem kommt doch eine gewisse Wehmut auf, wenn wir an die ersten Jahre in Marzahn zurück denken. Vielleicht liegt es daran, dass wir damals jünger waren, vielleicht aber auch daran, dass das Gemeinschaftsgefühl viel stärker war. Wir haben uns gegenseitig geholfen, zusammen die Gärten vor unseren Häusern angelegt und gepflegt, und die legendären Mieterfeste haben auch zum gegenseitigen Kennenlernen beigetragen.

Nun sind wir Rentner und Rentnerinnen und hätten genügend Zeit, um anderen zu helfen. Aber unsere Hilfsbereitschaft wird kaum gebraucht. Die Mieter und Mieterinnen unseres Hauses sind uns fremd geworden. Man geht aneinander vorbei, im besten Fall werden ein paar belanglose Worte gewechselt.

Es gibt viele Arbeitslose in unserem Kiez. Die jungen Familien brauchen keine Rentner und Rentnerinnen mehr, die mal auf die Kinder aufpassen, denn mindestens ein Familienmitglied ist arbeitslos. Das Geld ist knapp.

Und Kinder sind auch Luxus geworden. Viele Kitas sind geschlossen. Dafür gibt es jede Menge Billigmärkte. Aber ob das so viel besser ist?

Februar 2008

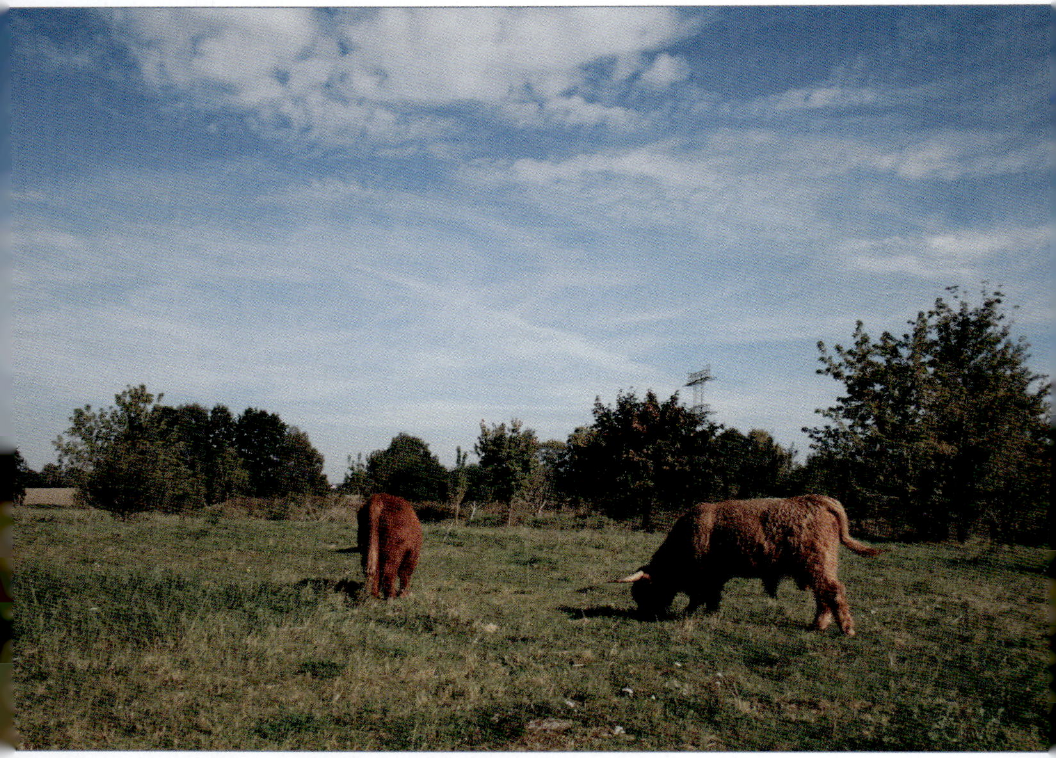

Pawel und Zofia*

„Roma in Marzahn-Hellersdorf"

(Oleksandra Bienert)

Sucht man im Internet nach „Roma in Marzahn-Hellersdorf", so findet man vor allem zwei Themen. Das eine Thema hat mit der Geschichte der Vernichtung von 500.000 Roma während der NS-Zeit zu tun. Hier findet man vieles zur 2011 in der Nähe zum S-Bahnhof Raoul-Wallenberg-Straße eröffneten Gedenkstätte „Zwangslager in Berlin-Marzahn", die an jene Roma erinnert, die während der NS-Zeit zur Zwangsarbeit verschleppt wurden. Des Weiteren findet man einiges über das Projekt „Vorurteilsbewusste Bildungsangebote für Roma-Kinder und ihre Eltern in Marzahn-Hellersdorf", das zur Unterstützung der Roma-Familien in Marzahn-Hellersdorf 2013 bis 2018 vom „AWO Kreisverband Berlin Spree-Wuhle e.V." durchgeführt wurde.

Weniger findet man über die Roma, die heute in Berlin leben. Wie ist ihr Alltag gestaltet? Was machen sie? Wir wissen wenig über diese Nachbar*innen von uns. Ich habe mich daher mit Pawel und Zofia für dieses Buchprojekt zu einem Gespräch verabredet. Als Ort für das Interview haben sie ihre eigene Wohnung ausgesucht. Unser Gespräch findet in einer Mischung aus Deutsch, Russisch und Polnisch statt.

Pawel und Zofia sind beide Anfang 60. Sie sind Roma, die aus Polen nach Berlin kamen. Von ihnen leben ca. 1.500 in Marzahn-Hellersdorf.

* Die Namen wurden auf Wunsch der Interviewten geändert.

Tritt man in die Wohnung von Pawel und Zofia ein, so scheint es einem, man sei in einer anderen Welt gelandet. Die Wohnungsschwelle wirkt dabei wie eine Tür, die Deutschland und Polen verbindet. Gerade war man noch in einer gewöhnlichen Berliner Straße und plötzlich fühlt man sich wie in einer polnischen Kleinstadt. Bestickte Vorhänge, Teppiche ohne Ende, große Kissen, die wie Schneeberge überall verteilt sind und sehr gemütlich wirken, wie auch der Baldachin über dem Bett.

Frau Zofia nimmt lächelnd den kleinen mitgebrachten Blumentopf entgegen, ihr Mann bittet ins Wohnzimmer. Der Fernseher, auf dem gerade ein romantischer Film über das Mittelalter auf Polnisch läuft, wird leise gemacht, unser Gespräch kann beginnen. Frau Zofia bringt den selbstgebrühten Kaffee „*Prima*" – *polnischer Kaffee*", betont sie. Den trinken sie bereits seit Jahrzehnten. Und setzen diese Gewohnheit auch in Berlin fort.

Sie haben sich beide in einer Kleinstadt nähe Wroclaw kennengelernt, wo sie herkommen. Sie sind dort zur Schule gegangen, haben dort ihre Berufsausbildung abgeschlossen und jahrelang gearbeitet. Sie als Näherin und er als Schlosser-Schweißer. Vor zehn Jahren kamen sie nach Berlin – um Geld zu verdienen. In Polen gab es für sie damals keine gut bezahlte Arbeit mehr.

„*Mit den Integrationskursen war es damals noch anders*", erzählt Pawel. „*Ich habe Deutsch beim Arbeiten gelernt.*" Zofia erzählt, dass sie ihren Deutschkurs in Berlin bei einem aus Vietnam stammenden Lehrer hatte. Ihre erste Arbeit bekamen sie durch Bekannte bei einer Ukrainerin. Auch wenn wir manchmal hören, Communities halten sich mehr unter einander, hilft man sich gegenseitig, wenn man aus der gleichen Gegend kommt. In diesem Fall aus Osteuropa.

In dem Freundeskreis von Pawel und Zofia in Berlin sind nicht nur Osteuropäer und Osteuropäerinnen, aber meistens Migranten und Migrantinnen, wie er erzählt. Polen und Polinnen, Ukrainer und Ukrainerinnen, Russen und Russinen, auch Deutsche. Eine besondere Freundschaft verbindet sie mit einem deutschen Nachbarn, der in der Wohnung über ihnen wohnt. Sie helfen sich manchmal gegenseitig mit kleinen Arbeiten zu Hause. Manchmal gehen sie zu einem Roma-Fest, aber eher selten. *„Man hat ja nur 24 Stunden pro Tag"*, erzählt Pawel. *„Wir arbeiten, kommen nach Hause und erholen uns. Am nächsten Tag geht es wieder los"*, bestätigt Zofia.

Erholen kann man sich unter Freunden, aber auch während der Feiertage. Besondere Feiertage als Roma begehen sie nicht. Sie feiern Weihnachten und Ostern. Da die polnische Kirche von ihnen territorial in Berlin zu weit weg ist, besuchen sie eine orthodoxe Kirche in Marzahn-Hellersdorf. Manchmal besuchten sie Veranstaltungen, die vom oben benannten Projekt organisiert wurden. *„Aber eher selten"*, sagen sie. *„Wir wüssten auch nicht, woher wir darüber erfahren sollen."*

Nach Marzahn-Hellersdorf sind sie vor zehn Jahren gezogen, weil sie hier Verwandte hatten. Nach drei Monaten sind sie in Marzahn in ihre jetzige Wohnung umgezogen und sind mit dem Bezirk als Wohnort sehr zufrieden. *"Würden Sie noch mal hierherziehen, wenn Sie eine Wahl hätten?"* frage ich sie. *„Klar!"*, antworten die beiden fast zeitgleich. *„Uns gefällt es hier. Es ist sehr grün und ruhig. Hier wollen wir bleiben."* Nur eine einzige Sache regt sie auf: *„Wir fühlen, dass man uns nicht wie die anderen behandelt"*, erklärt Pawel. *„Vor kurzem mussten wir ins Krankenhaus und haben mehrere Stunden warten müssen, bis jemand auf uns aufmerksam wurde. So was ist schwierig zu ertragen. Wir sind ja ganz normale Menschen, gehen arbeiten, zahlen Steuern, sind versichert. Warum muss man uns anders behandeln? Das ist einfach schade, weil wir uns hier zu Hause fühlen".*

„Klar fahren wir manchmal nach Polen, um die Familie zu besuchen, aber meistens sind wir über Telefon verbunden. Gerade eben hat unser Sohn angerufen." In Berlin-Marzahn wohnt ein Teil ihrer Familie, unter anderem Zofias Schwester, der Rest – wie auch ihre drei Söhne und drei Enkelinnen – sind in Polen in der Herkunftsstadt geblieben. Alle drei Söhne haben einen Beruf gelernt und arbeiten, wie Pawel stolz berichtet. Während unseres Gespräches ruft einer von ihnen an – sie lassen sich kurz ablenken,

um zu sagen, dass sie später zurückrufen. *„Wir telefonieren fast täglich mit ihnen"*, meint Pawel. Bei unserem Gespräch sind ihre Kinder nicht nur durch die Telefonate, sondern auch auf Fotos präsent, wie auch zwei kleine Enkelinnen.

In Polen sind sie außerdem öfter, weil sie, wie viele in unserer Grenzregion, zum Einkaufen rüberfahren. *„Tomaten! Diese wunderbaren Tomaten. Sie schmecken in Polen so saftig und süß!"*, sagt Pawel. Aber auch Fleisch, und anderes Gemüse. Und natürlich besorgen sie dort den Kaffee.

Ich frage die beiden, wo ihr Zuhause sei. *„Hier, in Berlin"*, antworten sie. Wir wünschen ihnen, dass es so bleibt und gehen raus. Plötzlich sind wir nicht mehr in Polen, sondern wieder in Berlin.

„Nguyen, Tran, Lê, Pham, Huynh, Hoàng ..."
„Unsere vietnamesische Community"
(Marion Baumann)

Seit über 40 Jahren wohne ich nun in Marzahn und seit knapp 30 Jahren arbeite ich im Stadtteil Marzahn NordWest haupt- und auch ehrenamtlich. Die vietnamesischen Vertragsarbeiter und Vertragsarbeiterinnen der DDR gehörten schon damals zu meinem Alltag. Sie wurden sehr freundlich, fleißig, sehr still und meist lächelnd wahrgenommen. Sie wurden damals durch zwei Betreuer in ihren Angelegenheiten unterstützt. Mit der Wende verloren sie, wie auch viele Einheimische aus der DDR, ihren Arbeitsplatz, weil die Betriebe ihre Produktion einstellen mussten. Eine schwierige Situation für alle Beteiligten.

Für die Vietnamesen und Vietnamesinnen kam hinzu, dass ihre Heimat sie nicht zurück haben wollte und in Deutschland hatten sie weder Arbeit,

* Die Namen wurden auf Wunsch der Interviewten geändert.

noch die Erlaubnis dazu. Sie mussten sich irgendwie mit Parallelstrukturen über Wasser halten. Sie waren regelrecht allein gelassen mit ihren existentiellen Problemen – wie auch wir DDR-Bürger und -Bürgerinnen nach der Wende. Nur für sie kam erschwerend hinzu, dass ihre Heimat in Vietnam war und sie hier einen ungeklärten Status hatten, den keiner im gerade wiedervereinten Deutschland klären wollte.

1993 gründete sich der Verein „Reistrommel e.V." und nahm sich der Probleme der ehemaligen Vertragsarbeiter und Vertragsarbeiterinnen an. Das war auch bitter nötig, denn die Gesamtsituation unter den Vietnames und Vietnamesinnen verschärfte sich dramatisch. Ich kann mich noch sehr gut an die Anfangszeiten unmittelbar nach der Gründung unseres Vereins „Kiek in Berlin e.V." erinnern. Das war 1993/94. Wir waren mit Malerfarben unterwegs, um unsere neuen Räume zu renovieren. Die ganze Havemannstraße war gesperrt. Es fuhren Kranken- aber auch Leichenwagen vor.

Später erfuhren wir, dass unter den Vietnames und Vietnamesinnen ein erbitterter Bandenkrieg der Zigaretten-Mafia herrschte und es um erpresste Schutzgelder ging. In einer Marzahner Wohnung wurden mehrere Vietnamesen mit zwei Kopfschüssen regelrecht hingerichtet. Das war ein absoluter Schock für uns, solche Ausmaße kannten wir bisher nicht. Viele Vietnamesen und Vietnamesinnen lebten in der Havemannstraße, so dass das Viertel um die Straße herum auch bekannt war als „Little Saigon".

Die Vietnamesen und Vietnamesinnen brauchten also dringend Hilfe, um die in den Staatsverträgen festgelegten Leistungen wirklich zu bekommen. Zur Währungsunion 1990 mussten sie ihr schwer erarbeitetes Geld umtauschen und schließlich selbst entscheiden, ob sie in Deutschland bleiben oder in ihre Heimat zurückkehren wollten.

Erst 1997 bekamen die noch ca. 20.000 verbliebenen Vietnamesen und Vietnamesinnen in Deutschland eine erste Bleiberechtsregelung und wurden mit dieser Regelung bundesdeutschen Gastarbeiter und Gastarbeiterinnen gleichgestellt. Erst ab 1997 konnten dann auch Ehepartner und Ehepartnerinnen sowie Kinder nach Deutschland nachgeholt werden.

Als ich nun für dieses Buchprojekt auf der Suche nach einem Interviewpartner bzw. Interviewpartnerin mit vietnamesischen Wurzeln war, musste ich feststellen, dass alle, die ich gesprochen habe – und ich kenne inzwischen viele – immer dann charmant das Thema gewechselt haben, wenn es aus ihrer Sicht zu privat wurde. Es gab keine Chance, näher an sie heranzukommen.

Durch unsere familiäre Situation sind wir mehrfach innerhalb Marzahns umgezogen. In der Marzahner Promenade wohnten wir über der Gaststätte „Am Stangelwirt", in der beliebte bayrische Speisen serviert wurden. Heute ist sie in vietnamesischer Hand und bis auf wenige Ausnahmen tragen die Klingelschilder in dem Aufgang vietnamesische Namen.

Später – als wir in ein Haus im Siedlungsgebiet Marzahns zogen – gab es in unserer unmittelbaren Nachbarschaft einen Blumenladen. Hier bediente eine junge Frau und ein junger Mann fuhr immer mit einem Lieferwagen vor und brachte frische Blumen, die er regelmäßig mit einem Gartenschlauch goss. Da zu ihnen auch zwei Hunde gehörten, wie zu unserer Familie, sahen wir uns nicht nur beim Blumenkauf, sondern begegneten uns auch gelegentlich beim Gassigang.

Unser Gesprächsthema drehte sich dann ausschließlich um die Hundehaltung und -erziehung. Zur jungen Familie gehörte auch die Mutter der jungen Frau. Sie betrieb – auch im Blumenladen – eine kleine Änderungsschneiderei. Als wir sie nicht mehr sahen, fragte ich bei einem unserer Gassigänge nach ihr. *„Sie ist im Krankenhaus"*, die kurze Antwort und dann wurde von ihr das Thema gewechselt. Als wir die Mutter dann gar nicht mehr sichteten, dachten wir uns den Rest. Irgendwann war dann auch der junge Mann nicht mehr da. Auf meinen fragenden Blick gab es wiederum eine kurze Antwort: *„Wir haben uns getrennt, er ist zurück in Vietnam."*

Eine weitere engere Begegnung hatte ich mit einer Vietnamesin, die ebenfalls einen Blumenladen hat. Sie hatte zur Hochzeit unseres jüngsten Sohnes unser Auto wunderschön feierlich mit Blumengebinden geschmückt. Es sah wundervoll aus und sie machte Fotos für ihr Werbe-Fotoalbum. Sie segnet alle, die bei ihr Blumen kaufen und segnet auch die Blumen, die über den Ladentisch gehen. Bei ihr läuft immer asiatische Musik und wenn sie nicht bedienen muss, singt sie leise mit. Ich höre ihr dann gerne zu und lasse mir entsprechend Zeit bei der Blumenauswahl.

Einmal ertappte ich sie, als sie auf ihr Handy sah und einen Hauch von Glückseligkeit ausstrahlte. Da zeigte sie mir ein Bild. Darauf waren Zwillingsbabys zu sehen. Sie strahlte und berichtete mir in ihrem unbeholfenen Deutsch, dass ihr Bruder in Vietnam Opa geworden ist. Sie scrollte weiter und zeigte mir das Bild ihres Bruders, der deutlich älter als sie aussah. Dann erzählte sie mir, dass sie auch Zwillinge sind. Ich fragte sie: *„Wann waren Sie denn das letzte Mal in Vietnam?"* Sie winkte ab – keine Antwort, dann Tränen, die sie sich rasch aus dem Gesicht wischte. Als wäre nichts geschehen, ging sie zur Tagesordnung über und segnete meine Blumen.

Bei einer späteren Begegnung kam ihr Mann dazu, er hatte das Auto vor dem Laden geparkt. Sie verständigten sich kurz in ihrer Landessprache, dann ging er wieder. Da erzählte sie mir, dass sie hier in Deutschland zwei Söhne haben. Der ältere betreibt einen Asia-Imbiss, ist verheiratet und wird auch demnächst Vater. Der jüngere Sohn ist Student und hilft auch in einem Blumenladen aus.

Da fühle ich mich heute im Nachgang geadelt, dass sie relativ viel aus ihrem Privatleben preisgegeben hat. Es lebt also inzwischen die 3. Generation unserer vietnamesischen Community in Deutschland. Ich schätze die Vietnamesen und Vietnamesinnen sehr. Mir gefällt ihre Gelassenheit. Bei ihnen ist das Glas offensichtlich immer halb voll. Ich habe noch nie einen Vietnamesen oder eine Vietnamesin klagen hören. Als hätten sie keine Probleme.

Im Netz gibt es einen vietnamesischen Podcast: Rice and Shine, außen gelb und innen weiß. Hier erzählen Minh Thu Tran und Vanessa Vu von ihrem Leben als Kinder vietnamesischer Einwanderer und Einwanderinnen.

In ihrem Podcast befragen sie auch ihre Väter zur Entwicklung in den einzelnen Generationen. Da wird festgestellt, dass die Generation der Großväter im Vietnamkrieg war und um das blanke Überleben gekämpft hat. Die Generation der Väter hat sich um Sicherheit gekümmert und um Bildung für den Nachwuchs, denn Bildung spielt in Vietnam eine große Rolle.

Der Nachwuchs heute will sich selbst verwirklichen. Sie sind in Deutschland geboren, kennen keinen Krieg oder nur aus Erzählungen. In der Regel kennen sie auch die vietnamesische Sprache nicht mehr, bleiben aber trotzdem unter sich. In der Havemannstraße reiht sich ein vietnamesischer Laden an den anderen.

Laut Statistik leben in unserem Bezirk ca. 3.400 Menschen mit vietnamesischen Wurzeln. Ob sie wohl alle angekommen sind? Selbst Sozialarbeiter und Sozialarbeiterinnen vom Verein „Reistrommel e.V." haben bestätigt, dass man nur sehr schwer über private Dinge mit ihnen sprechen kann. Aber es ist davon auszugehen, dass sie den Platz in der Gesellschaft gefunden haben, den sie in ihrer Zurückgezogenheit zulassen können.

S–Bahn Ahrensfelde

Mit der Eröffnung der Teilstrecke von Lichtenberg-Friedrichsfelde nach Werneuchen am 1. Mai 1898 ging die Haltestelle Ahrensfelde in Betrieb.

Ab dem 15. Mai 1938 galt auf der Strecke der Berliner Vororttarif. Im Jahr 1967 befand sich der Bahnhof fast noch im Ausbauzustand von 1905.

Mit der Errichtung der Neubaugebiete im 1979 gebildeten Stadtbezirk Marzahn wurde vom S-Bahnhof Friedrichsfelde Ost ausgehend die S-Bahn schrittweise bis Ahrensfelde verlängert.

Ab 1982 endete die S-Bahn in Ahrensfelde.

Zunächst war der Zugang nur von der Nordseite, der Schrankenseite, her möglich. Im Jahre 1987 wurde die Fußgängerbrücke eröffnet.

Heute fährt die Linie 7 im 10-Minuten-Takt bis Potsdam Hbf.

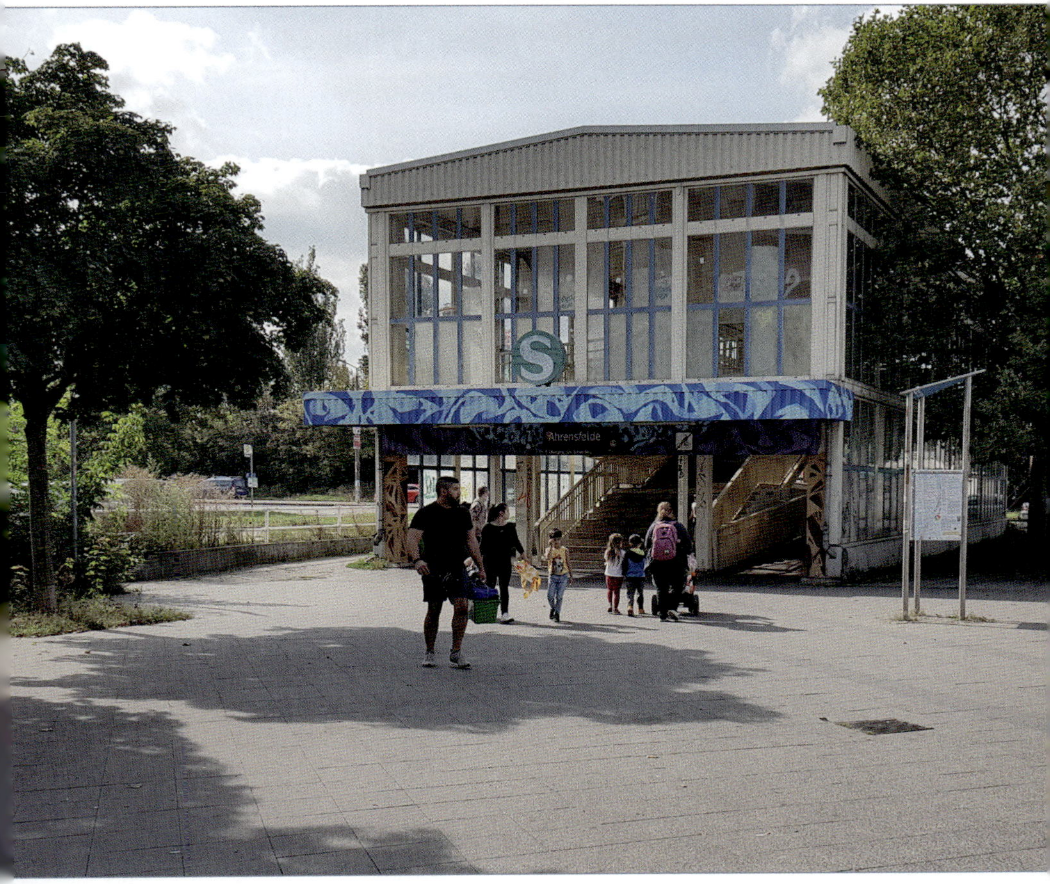
S
Ahrensfelde

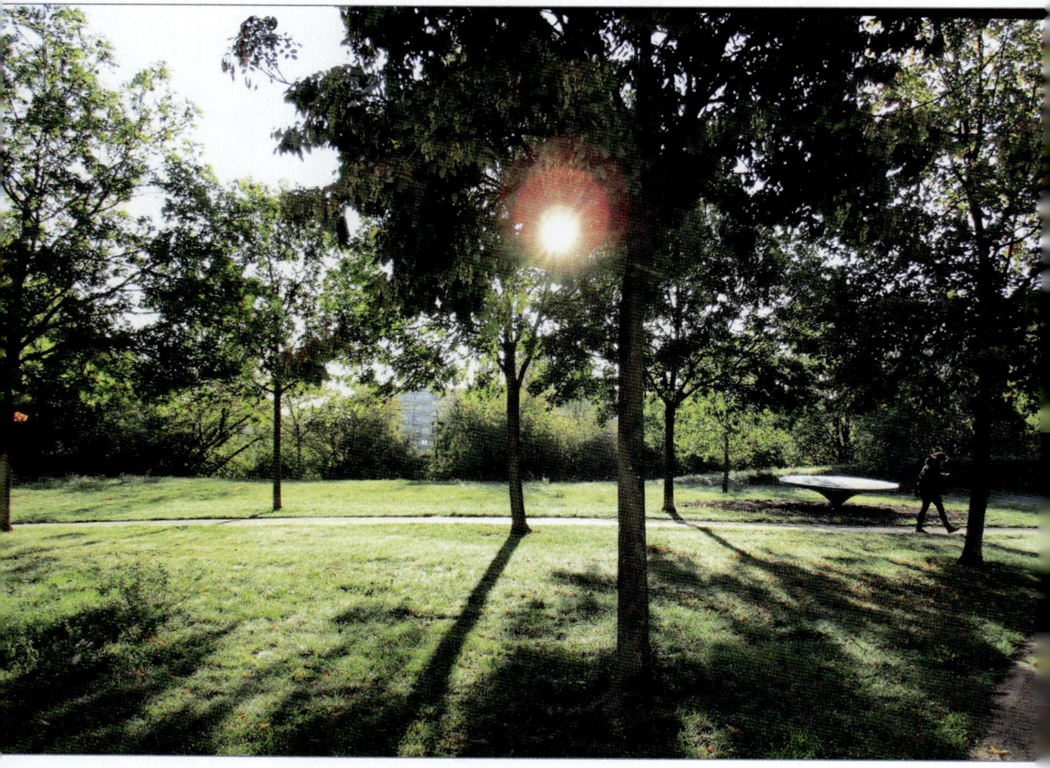

Erika

„Heute kann ich offen mit meiner Biografie umgehen."

(Marion Baumann)

Erika wurde 1942 in den Kriegswirren im Berliner Kiez Kreuzberg geboren: Kufrichstraße 26, Hinterhof, zwei Treppen. Ihre Mutter konnte sie lange nicht kennenlernen, den Vater gar nicht. Aus Unterlagen weiß sie, dass ihr Vater 1908 und die Mutter 1918 geboren wurde.

1947 wird sie mit einem Kindertransport in einem halb zersplitterten Güterwagen nach Potsdam Rehbrücke gebracht. Durch Hunger und Durst waren viele Kinder entkräftet. Obwohl sie erst fünf Jahre alt war, kann sie sich an diese Tortour erinnern. *„Manches vergisst man nie"*, so ihre Worte. Danach folgen diverse Heimaufenthalte: Köpenick-Schlossinsel, Möllendorfstraße Berlin, Werftpfuhl, Borgsdorf, Grünheide und das Kinderheim in der Königsheide. Erinnerungen daran hat sie offensichtlich verdrängt.

Um Bindungen aufzubauen, waren die Heimabschnitte zu kurz. Das einzige, an das sie sich bei ihrem Heimaufenthalt in der Königsheide erinnern kann, sind zwei Frauen, die ihr zu Weihnachten eine grüne gestrickte Mütze mit passendem Schal und Handschuhen geschenkt haben. Eine davon hieß Frau Paul. Die Aufenthaltsorte kennt sie nur aus ihren Recherchen, als sie nach ihren Eltern sucht.

Aus dem Kinderheim kommt sie dann zu einer Pflegefamilie, bei der sie sich unerwünscht fühlt. Es gab oft Prügel und Essensentzug, wenn sie nicht so wollte, wie sie sollte.

Als junges Mädchen trifft sie auf ihren ersten Mann. Sie haben drei Kinder und erwarten ihr viertes Kind. Ihr Mann ist zu diesem Zeitpunkt im Grenznachrichtendienst bei der Nationalen Volksarmee in Potsdam – Großer Stern. Hochschwanger fährt sie ihn besuchen. *„Ich konnte doch nicht ahnen, dass ich ihn da das letzte Mal in meinem Leben sehen würde und dass es ein Abschied für immer wird. Ich habe mir Erklärungen zurecht gelegt, aber eigentlich weiß ich nicht, was passiert ist. Einen Totenschein habe ich nie bekommen und ohne Totenschein auch keine Witwenrente für mich und keine Halbwaisenrente für die Kinder. Ich war nach der Geburt meiner Tochter allein erziehende Mutter von vier Kindern mit den üblichen Kindergeldsätzen der DDR pro Kind. Das war im Februar 1972. Meine anderen drei Kinder sind 1961, 1967 und 1968 geboren. Ich bin sehr stolz, dass aus allen, was geworden ist. Selbst mein behinderter Sohn hat einen Berufsabschluss und verdient seinen Lebensunterhalt."*

Aus all diesen Erfahrungen weiß Erika, was es bedeutet, Menschen an der Seite zu haben, wenn man selbst Hilfe braucht. Das ist die Sprungfeder – und vielleicht auch das Ankämpfen gegen die selbst durchlebten Traumata – sie selbst hilft, wo sie kann. Sie wartet nicht, bis sie gefragt wird, sie geht selbst auf die Menschen zu. Wie hat sie das alles nur allein gestemmt? Dann erzählt sie, welche beruflichen Stationen sie durchlaufen hat. *„Erst war ich gleich nach der Schule 1957 in der Landwirtschaft – Agrar- und Zootechnik, dann in der Gastronomie. Hier habe ich alles von der Pike auf gelernt. Besonders schwer war meine Arbeit im Zementwerk Rüdersdorf in der Granulierung. Zum Schluss war ich bei der Deutschen Bahn in Strausberg. Da habe ich beim Gleisbau und der Transporttechnik gearbeitet."* Ich frage sie, wie sie das mit der Erziehung ihrer Kinder vereinbaren konnte.

„Die waren erst in der Kinderkrippe und dann in der Schule und im Hort. Ab 6. Klasse Schlüsselkinder. Ich habe jede freie Minute mit meinen Kindern verbracht."

1980 – die erste Wohnung in Marzahn. Dann lernt sie ihren zweiten Mann kennen und die Familie zieht an den Stadtrand auf die brandenburgische Seite. *„Es war nicht der Mann fürs Leben. Wir ließen uns 1999 wieder scheiden."* Ihre Kinder sind inzwischen volljährig. Sie erfährt, dass bei der Wohnungsbaugesellschaft „Deutsche Gesellschaft zur Förderung des Wohnungsbaues", kurz degewo, in Marzahn NordWest eine Wohnung geräumt wird. Es ist eine Zweiraumwohnung. Sie freut sich und zieht ein. Seitdem lebt sie in Marzahn. Aber angekommen ist sie noch lange nicht. Sie forscht weiter nach ihrer Herkunftsfamilie ...

1998 lernt sie eine ihrer Schwestern kennen. Die hat sie von der Straße geholt. *„Meine Schwester war mal selbstständige Geschäftsfrau und dann zwölf Jahre obdachlos. In einem Privathaus in Kreuzberg habe ich ihr unter der Hand über das Sozialwerk eine Wohnung besorgt. Obwohl Wohnung konnte man dazu gar nicht sagen. Es war eher ein Abstellschuppen, den wir erst einmal zu einer Wohnung gemacht haben. Da lebt sie nun seitdem. Sie hatte 88.000 DM Schulden. Seit sie in dieser Wohnung lebt, macht sie auch keine Schulden mehr. Hinzu kommt, dass sie sehr krank ist. Sie sitzt im Rollstuhl, hat eine verkapselte Lunge und ist deshalb auf ein Sauerstoffgerät angewiesen. Hier muss ich immer kontrollieren, ob sie es auch anschließt. Pflegedienst und Amtsärztin hat sie rausgeschmissen und lässt nur mich und meinen erwachsenen behinderten Sohn in die Wohnung. Also pflege ich sie, so gut ich kann."* Ihre jüngere Schwester hat sie immer noch nicht gefunden. Die Mutter hat sie durch Zufall kennengelernt, als die Mauer fiel. Sie besucht sie. In deren Wohnung kann sie die Mutter im Zigarettenqualm kaum erkennen. So erfährt sie, dass der Vater und auch die Mutter mehrfach verheiratet waren. Deshalb ist unklar, wie viele Halbgeschwister sie hat.

Erika hilft, wo Hilfe am nötigsten ist. Sie kann nicht anders. Sie hat im Krieg viel Leid erlebt. *„Das hat mein Herz geöffnet. Ich gehe einfach auf die Leute zu – egal ob Türken, Jugoslawen, ich frage sie, ob sie Unterstützung* *brauchen. Bei mir gilt nur der Mensch. Jeder hat das Recht auf ein friedliches und gesundes Leben. Ich habe auch keine Berührungsängste, auf Obdachlose zuzugehen. Ich bringe ihnen Tee, unterhalte mich mit ihnen. Schon kleine Gesten helfen ihnen. Ich wurde auch schon gefragt „Warum kannst du nicht meine Mama sein?" Ich laufe auch los und hole Desinfektionsmittel, Masken und bezahle es von meinem Geld. Ich spende auch regelmäßig für gemeinnützige Organisationen. In Marzahn bin ich sehr aktiv, weil da meine Bindung am stärksten ist. Ich habe auch zwei Frauen geholfen, ihr Baby auf die Welt zu bringen. Zu ihnen habe ich heute noch Kontakt. Alexa geht inzwischen in die 4. Klasse und Manu in die 3. Klasse. Ihr Vater war ein Rumäne."*

Seit 1957 engagiert sich Erika ehrenamtlich – im Jahr 2022 werden es 65 Jahre!!! *„Ich nutze oft die Tage der offenen Tür. Meine Arbeit ist ehrlich, sauber, und ich bin nicht bestechlich. Mich kennen die Regionalpolitiker. Ich engagiere mich im Seniorenparlament. Mit dem Beginn meiner Arbeit im Quartiersrat bin ich erst aus mir heraus gekommen und das tut so gut. Das alles hat dazu beigetragen, dass ich heute so offen mit meiner Biografie umgehen kann. Einiges davon habe ich dir heute das erste Mal überhaupt erzählt, so sehr hatte ich es über die Jahrzehnte verdrängt.*

Nun kann ich sagen: JAA – ich bin angekommen. Angekommen in Marzahn. Und weißt du, was ich an Marzahn liebe? Die Ruhe, das viele Grün und die Sauberkeit auf den Straßen. Ich kann dir auch gleich sagen, was ich mir wünsche: Ich möchte, dass all die schönen Projekte, wie das Tschechow-Theater, das Nachbarschafts- und Familienzentrum „Kiek in" und der „Kiez-Treff West" und die vielen anderen Projekte im Stadtteil erhalten bleiben. Hier wird soviel für ältere Bürger gemacht: raus in die Natur und kulturelle Veranstaltungen. Das Zusammensein verbindet uns, und das finde ich schön. Oft habe ich mich gefragt: Warum wurde ich in die Welt gesetzt? Was ist der Sinn? Eins weiß ich: Es muss jemanden geben, der immer schützend die Hand über mich gehalten haben muss."

Erikas Handy klingelt. Der nächste Termin wartet …

Michael

„Kaffeeklatsch mit Knuddel"
(Marion Baumann)

So ist er bekannt, als Gute-Laune-Diskjockey bei kulturellen Veranstaltungen im Stadtteil. Doch hinter dieser Fassade steckt ein Leben mit vielen Herausforderungen, die zu meistern waren. Michael ist ein Urberliner und lebt mitten in der Hausbesetzerszene in der Scharnweberstraße im Friedrichshain.

Es ist eine kleine Zweiraumwohnung. Zu der Zeit hat Michael eine Freundin aus Fürstenwalde, mit der er gern zusammenleben wollte, doch da war das für Berlin bekannte Problem der Zuzugsgenehmigung.

1986 dann zunächst das Angebot einer Dreiraumwohnung. Michael ist glücklich, denn ein Jahr zuvor war seine Tochter geboren. Nun hatten sie endlich eine Neubauwohnung, wenn auch in Gummistiefelromantik, denn weit und breit waren noch keine Straßen asphaltiert. Aber es gab kurze Wege zum Einkaufen und in die Kita.

Die junge Familie fühlte sich sehr wohl in ihrer neuen Wohnung und dem Umfeld. Leider hielt diese Beziehung nicht. Und Michael wechselte 1986 in den Stadtteil Marzahn West. Das wusste er sehr zu schätzen. Nun hatte er wieder diese Annehmlichkeiten: Warmwasser aus der Wand und eine gute Infrastruktur.

Schon immer hatte Michael eine Affinität zu Hunden. Als 14-Jähriger hat er seinen ersten Schäferhund. *„Warum nicht mein Hobby zum Beruf machen?",* dachte sich Michael. Da lag es nahe, dass er sich als Fachtierpfleger ausbilden ließ. Das war an der Medizinischen Tierklinik der Humboldt-Universität in der Hannoverschen Straße möglich. Die weiteren beruflichen Stationen sind die Arbeit als Tierpfleger im Tierheim an der Jannowitzbrücke und Sektionsassistent in der Tierpathologie hinter der Werner-Seelenbinder-Halle. Als dann die Wende kam, wurde vieles eingestellt. Doch Michael fand eine Lösung. Er ging als Diensthundeführer ins Wachgewerbe. Unabhängig hiervon ließ er sich als Rettungssanitäter ausbilden und war immer und überall in der Lage, Erste Hilfe zu leisten.

2018 dann der Schock: Bei ihm wurde Krebs festgestellt, eine Diagnose, die jedem erst einmal den Boden unter den Füßen wegreißt. Michael musste seinen Beruf aufgeben und erhielt Erwerbsminderungsrente. Nachdem es ihm wieder besser geht, hält er die Ruhe um sich herum nicht aus. *„Ich hatte das Gefühl, mir fällt die Decke auf den Kopf. Ich wollte raus, was machen."*

Michael trifft in dieser Situation auf Jürgen, der im Stadtteil schwer vermittelbaren Arbeitslosen einen Weg auf den Arbeitsmarkt ebnet. Schon war eine Verbindung zum Nachbarschafts- und Familienzentrum „Kiek in" geschaffen, eine zweite Heimat für Michael. *„Ja nun bin ich bei „Kiek in" und auch in einem anderen Verein ehrenamtlich tätig, was mir sehr gut tut. Ich war schon immer hilfsbereit, man sagt mir ein Malteser-Hilfssyndrom nach, aber ich mach' es auch wirklich gern."*

Michael ist mit sechs Geschwistern aufgewachsen. Seine Mutter hat sie alle zusammengehalten. Sie ist seit neun Jahren tot. Auch drei seiner Geschwister sind schon verstorben, der Rest ist zerstritten wegen Erbangelegenheiten. Michael hat, nachdem sein Bruder verstorben ist, zu keinem der Geschwister mehr Kontakt. Er hat einfach mit der Familie abgeschlossen. Die einzige Verbindung, die er noch pflegt, besteht zu seiner Schwägerin – die Frau vom verstorbenen Bruder.

In seiner Marzahner Wohnung lebt er mit seinem Ziehsohn zusammen. *„Das war auch so ein komischer Zufall. Er lebte auf der Straße. Ich rede ungern darüber. Als 16-Jährigen habe ich ihn aufgenommen."* Ich frage ihn, wie alt er denn jetzt ist. *„32 Jahre und ich hoffe, dass er mal selbstständig wird und auszieht."* Viel Kummer hat er Michael schon bereitet und Michael stand immer wieder hinter ihm. *„Du glaubst nicht, was schlechter Umgang auf der Straße so alles anrichten kann."*

Michael schaut trotzdem zuversichtlich in die Zukunft. *„Ich fühle mich hier angekommen. Ich wollte eigentlich immer in einer ländlichen Gegend leben, aber hier am Stadtrand mit der Nähe zu Brandenburg und den Feldern und Wiesen gleich hinter Ahrensfelde, ist es genauso schön. Es gibt hier viele soziale Angebote. Als DRK-Betreuer wurde ich gebraucht und konnte vielen Älteren helfen. Und weißt du, was mir aufgefallen ist? Ich treffe immer mal auch Leute, die mit mir zusammen älter geworden sind, die ich als junge Nachbarn aus dem Friedrichshain kenne."*

Michael entwickelt auch immer wieder neue Ideen und testet sie aus. So begann er vor der Pandemie mit einer Unterhaltungsreihe: „Kaffeeklatsch mit Knuddel". Es wurde ein voller Erfolg im „Kiez-Treff West". Die Gäste haben ausgelassen getanzt – die Älteste war 88 Jahre alt. *„Das macht mir einfach Spaß und gibt mir auch viel zurück. Für viele ist das hier das verlängerte Wohnzimmer."* Lange mussten alle warten, bis es nun nach Corona endlich weiter gehen kann. Auch zu anderen Veranstaltungen gibt Michael den unbeschwerten Diskjockey und verbreitet einfach gute Laune. *„Wenn jemand dringend Hilfe braucht, kann er mich auch nachts aus dem Bett klingeln und ich werde helfen."*

Straßenbahn M8

Die heutige Linie M8 wurde als Linie 18 im Jahre 1986 eröffnet.

Sie fuhr vom damaligen Stadion der Weltjugend (heute U-Bahnhof Schwartzkopffstraße) bis Ahrensfelde und erschloss die Neubaugebiete von Lichtenberg und Marzahn.

Auf ihr wurden Tatra-Bahnen aus der CSSR eingesetzt, die damals creme und orange lackiert waren.

Heute geht die Fahrt bis zum Berliner Hauptbahnhof und ist eine interessante Tour durch Ostberlin bis in die Berliner City in 40 Minuten.

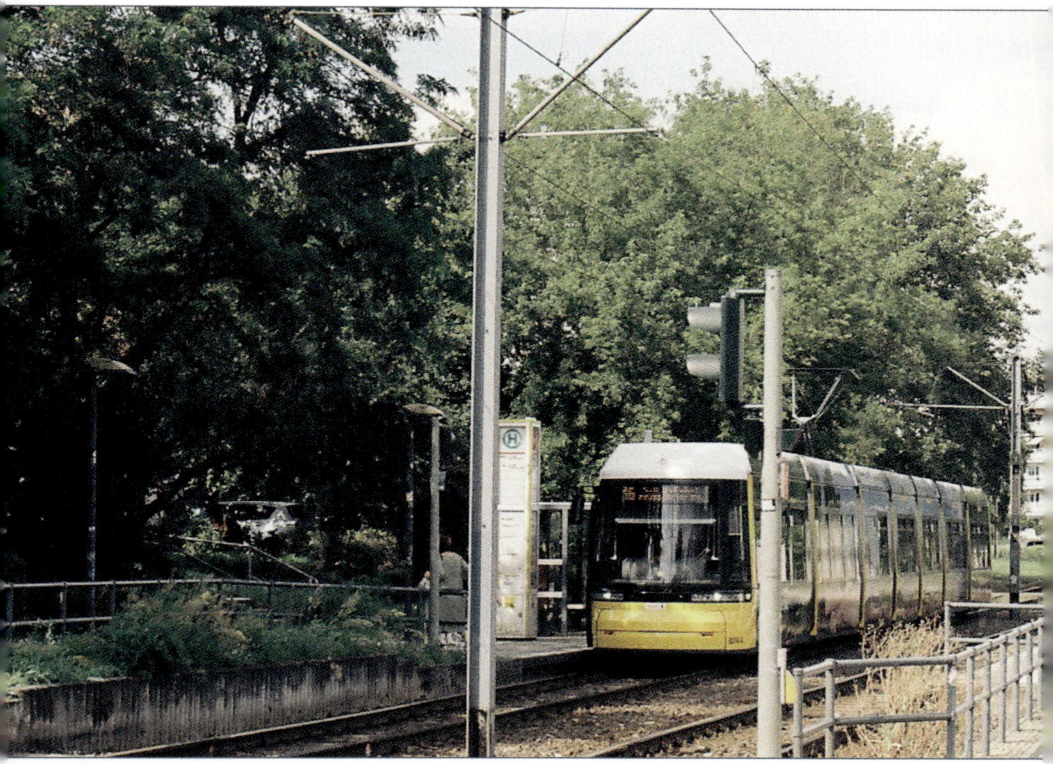

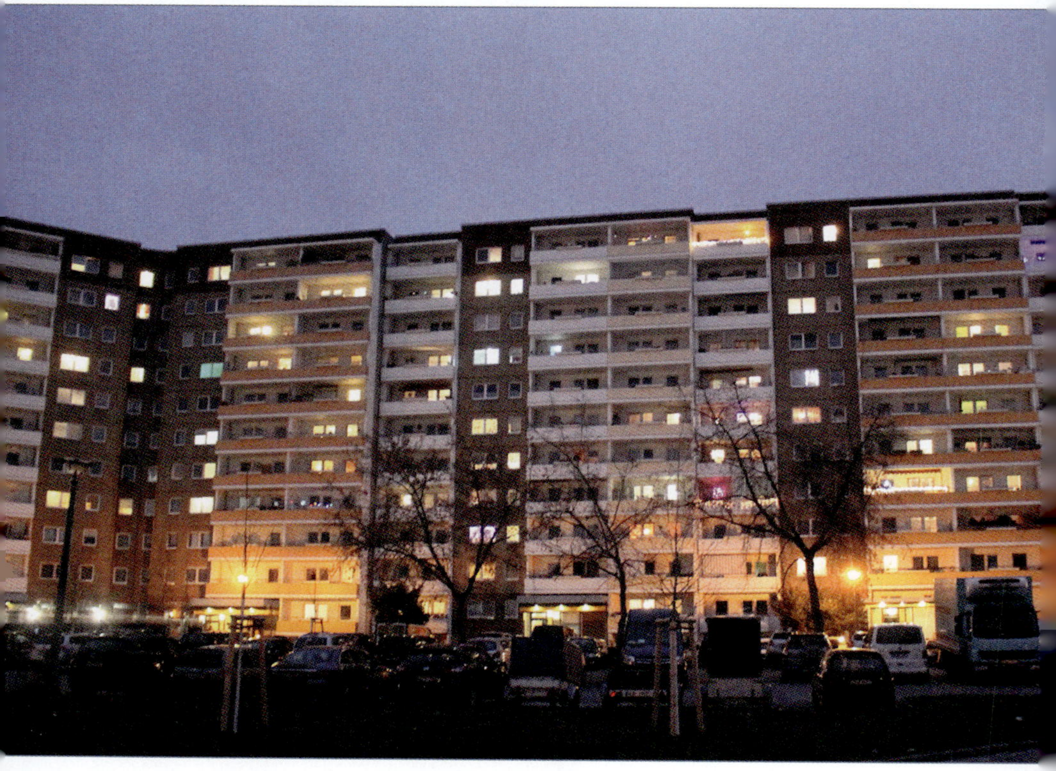

Olli

„Ein Mann für alle Fälle."
(Marion Baumann)

Olli hat seine Kindheit und Jugend in einem kleinen Ort im Kreis Lippe in Nordrhein-Westfalen verbracht. Noch vor Mauerfall hat er von seinem Jugendzentrum aus als damals 14-Jähriger eine Reise nach Berlin-Wedding unternommen. Sie waren 22 Jugendliche und vier Betreuer. Auch der Osten von Berlin stand auf dem Plan. Olli war sofort begeistert von Westberlin. Am meisten hat es ihm die U-Bahn angetan. Damit hätte er stundenlang fahren können, mit diesen gelben Zügen. Er kommt ins Träumen und beschließt für sich: *„Irgendwann, wenn ich erwachsen bin und Geld verdiene, dann ziehe ich nach Berlin."*

Nun sollte es auch in den Osten gehen. Nach Zwangsumtausch des Geldes begeben sich alle auf den Weg. Hier hat er alles viel grauer und trister in Erinnerung als im bunten, Reklame versunkenen Westberlin. Auf dem Rückweg wurden alle Jugendlichen am Grenzübergang Checkpoint Charlie, ein Kontrollpunkt in der Friedrichstraße zwischen Zimmer- und Kochstraße, durchgewinkt, ihm zeigte man die andere Richtung. Olli wusste nicht, wie ihm geschah. Er konnte noch einem Betreuer zurufen, dass man ihn nicht zurücklässt. Hintergrund dieser Aktion war, dass alle bereits den weinroten bundesdeutschen Reisepass hatten, Olli noch den Vorläufer in Grün. Nun stand er verlassen am Tränenpalast und verstand die Welt nicht mehr. Was hat er falsch gemacht? Warum kümmert sich keiner um ihn? Warum darf er nicht zu seiner Gruppe? 1.000 Fragen gehen ihm durch den Kopf. Hilflos stellt er sich immer wieder diese Fragen. Endlich hatte der Betreuer Kontakt zu den Zollbeamten aufgenommen und ihnen erklärt, dass Olli zur Gruppe gehört und kein eingeschmuggelter Flüchtling ist. Er durfte über den Diplomatenausgang mit dem Betreuer zur Gruppe, aber dieses Ereignis hat sich fest in seinem Gehirn verankert. Sein neuer Schwur: *"Nie wieder Berlin und erst recht nicht in den Osten."*

Jahre später: Die Mauer war schon gefallen. Olli wurde von einem Freund gefragt, ob er ihm helfen würde. Es ging um eine Gefälligkeit. Ein Imbisswagen sollte nach Magdeburg gebracht werden. *"Ich hatte ein Auto mit Kupplung, mein Freund keinen Führerschein. Also sagte ich zu. Somit war ich wieder im Ostteil des inzwischen wiedervereinten Deutschlands. Abends fuhren wir sofort zurück. Meine schönen Erinnerungen an Westberlin lebten wieder auf. Nach meiner Ausbildung in meinem Heimatort zum Kaufmann im Einzelhandel musste ich gesundheitsbedingt meine Arbeit aufgeben. Ich hatte inzwischen meine eigene Wohnung. Ich wurde zum Mann für alle Fälle. Dadurch erweiterten sich meine Kenntnisse und Fähigkeiten in alle Richtungen."*

Da Olli schon immer hilfsbereit war, konnte er auch in vielen Fällen helfen. So sammelte er Erfahrungen bei bundesweiten Kaffeefahrten. In der Woche nächtigte er in Hotels, an den Wochenenden zu Hause. Irgendwie wurde es ihm zu eng, und er wollte weg. Von seiner Herkunftsfamilie fühlte er sich fremdbestimmt. Er wollte selbst herausfinden, was ihm gut tut und was nicht. Über eine Werbekampagne bewarb er sich in der Tourismusbranche und bekam einen Vertrag als Assistent.

So arbeitete er von 1998 – 2002 auf den Kanaren. Erst war er im Callcenter tätig, dann begleitete er Inselrundfahrten. Zu dieser Zeit wohnt er mit einer älteren Freundin in einer Wohngemeinschaft. *„Dort kamen dann öfter die beiden Töchter der Freundin zu Besuch und mobbten mich regelrecht weg. Dann wieder Ratschläge von meinem Vater, ich solle nachdenken, wie ich mal meine Rente erarbeiten will und finanzierte mir ein Ticket nach Deutschland."*

Olli zog vorübergehend zu seinem Bruder und musste abwertende Urteile über sich ergehen lassen. Immer wieder legte er ihm Steine in den Weg, sodass es endgültig zum Bruch kam. Olli verfolgte unbeirrt seinen Weg im Rahmen seiner Möglichkeiten weiter. Immer wieder verließ er Komfortzonen und motivierte sich.

2012 dann hatte er darüber nachgedacht, nun ganz seiner Heimat den Rücken zu kehren und nach Berlin zu ziehen. Da er mit allem in seiner Heimat abgeschlossen hatte, fiel ihm dieser Schritt nicht schwer. Aber Berlin war weit weg und wie sollte er es schaffen, Arbeit und Wohnung zu bekommen? Seine finanziellen Möglichkeiten waren auch sehr eingeschränkt. Inzwischen war es ihm auch egal, wohin in Berlin es ihn verschlagen würde. Er sah sich auf einem Portal im Internet um und schrieb eine Kontaktadresse an.

Ein Mann meldete sich. *„Er erklärte sich bereit, mir zu helfen, worüber ich heute noch sehr dankbar bin. Ich sollte aktuelle Bewerbungsunterlagen zusammenstellen und er würde sie weiterreichen. Und tatsächlich, ich bekam mein erstes Jobangebot in Berlin als Platzwart in einer Parkanlage am Treptower Park. Nun hatte ich eine Arbeitszusage, aber immer noch keine Wohnung. Dann durfte ich ein Zimmer bei einem Kumpel in Schöneberg beziehen. Da sich diese Entscheidungen alle so hinzogen, wurde mein zugesagter Job einem anderen zugeteilt und ich war arbeitslos. Ich meldete mich beim Jobcenter und hielt mich mit Gefälligkeiten über Wasser. Meine Bemühungen, eigene vier Wände in Berlin zu bekommen, liefen auf Hochtouren und erstreckten sich über längere Zeit. Andere hätten schon längst aufgegeben. Dann der erlösende Bescheid: Mir wurde eine Einzimmerwohnung in Marzahn zugewiesen. Ich schaute sie mir an. Erst fand ich diese Hochhäuser gewöhnungsbedürftig,* *aber es gab viel Grün und eine gute Anbindung an die öffentlichen Verkehrsmittel. Ich fand es auch schöner als in Schöneberg."*

Nun konnte er seine eingelagerten Möbel in die Wohnung bringen und sich einrichten. Dann folgt eine Zuweisung vom Arbeitsamt für eine Maßnahme bei einem sozialen Träger. Er erkundete das Umfeld und wie er täglich zur Arbeit kommt. Seine Devise: Anschauen, Eingewöhnen, ist es für mich hinderlich oder ist es förderlich? Ich frage ihn nach seinen ersten Eindrücken in seinem Job. *„Was gibt es hier für Chaoten!"* – seine Antwort und er nennt Beispiele: *„Ein gerade 18-Jähriger hat mehr auf sein Handy geschaut, als sich mal vom Stuhl zu erheben und einer älteren Dame die Tür aufzuhalten. Als es dann das erste Geld gab, kam die Krankschreibung. Oder eine Angestellte hier hat ihren Büroschrank als ihr Eigentum bezeichnet. Ich habe ihr erklärt, dass alles, was hier im öffentlichen Raum steht, niemandem alleine gehört. Da hat sie sich bei ihrer Vorgesetzten über mich beschwert. Das kann ich ja vielleicht leiden. Soll sie doch mit mir reden. Wenn ich mich auf einem Arbeitsplatz wohl fühle, dann stehe ich auch voll hinter meinem Arbeitgeber. Den verteidige ich dann gegen alles und jeden. Und so ist es hier. JA, ich fühle mich angekommen: In Marzahn und auf meinem Arbeitsplatz. Ich komme gern zur Arbeit."* Endlich kann er selbstbestimmt sein Leben gestalten. Was ihm noch zu schaffen macht, ist sein Hang zum Perfektionismus. *„Ich kann schlecht abschalten und kann auch Aufgaben nicht liegen lassen. Ich will alles gut machen, bis ich selbst mit dem Ergebnis zufrieden bin. Daran arbeite ich noch."*

„Würdest Du heute alles genauso wieder tun, wie du es entschieden hast?" Olli denkt nach und antwortet: *"Im Wesentlichen ja, bis auf ein paar Kleinigkeiten. Ich hätte vielleicht früher mehr auf meine Bedürfnisse achten als auf fremde Ratschläge hören sollen. Ich verfolge mein Ziel und ich will was erreichen."* Privat hat Olli seit 2015 über eine Plattform im Internet seine große Liebe gefunden. *„Im nächsten Jahr, wenn hier Corona endlich mal nachlässt, wollen wir heiraten. Dann bin ich erst recht angekommen."*

Christine

„Friedenskonzert am Barnimplatz."
(Marion Baumann)

Christine ist durch viele Aktionen im Stadtteil bei den Nachbarn und Nachbarinnen bekannt. Als im letzten Jahr das Friedensfest wegen der Pandemieeinschränkungen nicht durchführbar schien, unterbreitete sie den Vorschlag, daraus ein Friedenskonzert werden zu lassen. Dankbar wurde ihr Vorschlag angenommen.

Das Friedenskonzert hat die Nachbarn und Nachbarinnen unseres Stadtteils aus unterschiedlichen Nationen und Generationen vereint und war ein nachhaltiger Erfolg.

Christine kommt ursprünglich aus Rostock. 1970 zogen ihre Eltern mit ihr und den drei jüngeren Geschwistern nach Berlin. Da war sie zwölf Jahre alt. *„Ich muss dir ehrlich sagen: Berlin war ein Kulturschock für mich. Während ich zu Hause in Rostock noch mit Rattenschwänzchen und Tornister herumlief, war in meiner neuen Klasse in Berlin schon eine schwanger, eine hatte eine Abtreibung hinter sich, die Klasse war 43 Schüler stark und es herrschte ein für mich gewöhnungsbedürftiger Umgangston. Als ich dann anfing, meine Haare auch offen zu tragen, hat mein Vater gemeint, dass er mich nicht herumlaufen lässt wie eine Nutte und hat meine Haare einfach abgeschnitten. Seitdem habe ich KEINEN mehr an meine Haare gelassen – bis heute."*

Seit Februar 1986 lebt sie in einer Dreiraumwohnung in Marzahn. Zuvor hatte die kleine Familie (Christine, ihr Mann und ihre Tochter) nur eine Eineinhalbzimmer-Ausbauwohnung in Köpenick. Christine bekam die neue Wohnung über ihren Betrieb – die Deutsche Reichsbahn – angeboten. *„Ich konnte mich gar nicht freuen darüber, denn ich wollte mich von meinem Mann trennen. Ich bekam die Schlüssel, mein Mann war zu dem Zeitpunkt im Krankenhaus. Also zog ich mit meiner Tochter allein los zur Besichtigung. Als wir die Wohnung betraten, sahen wir den blanken Beton, kein Licht in der Wohnung, die einzige Glühbirne im Bad ging nicht. Da bin ich dann heulend an der Wand zusammengebrochen. Ich konnte mich einfach nicht freuen. Alle Bemühungen, dass ich mit meiner Tochter allein einziehen kann und er seine eigene Wohnung bekommt, scheiterten. Also zogen wir da gemeinsam ein. Schon die Aufbauleistungen für diese Genossenschaftswohnung hatte ich allein gestemmt und nun auch noch fast allein tapeziert. Die Wohnung gefiel mir dennoch, ich wollte sie fortan nur noch mit den Füßen voran aufgeben, aber die Begleitumstände waren schon ein bisschen Hölle für mich."*

Für die Erziehung und Betreuung der Tochter haben sie gemeinsam funktioniert. Erst 1999 konnten sie sich räumlich trennen und sie hatte jetzt ihre eigenen vier Wände.

Christine fühlte sich von Anfang an allein auf sich gestellt. Bei Niederlagen stand sie immer wieder auf und fand eine Lösung. So bezeichnet sie sich selbst als Stehaufmännchen und hat mal mit einer Freundin diskutiert, wie hierfür wohl die gendergerechte Bezeichnung dafür wäre. *„Ich kann mich richtig gut für andere einsetzen, nur wenn es um mich geht, klappt es nicht."*

Das Ehrenamt liegt bei ihr in der Natur der Dinge. Sie war schon in der Schule in der FDJ aktiv. Im Betrieb war sie FDJ-Sekretärin, später bei ihrer Tochter im Elternbeirat an der späteren Marcana-Schule in der Flämingstraße. In der ab 7. Klasse weiterführenden Schule in der Rudolf-Leonhard-Straße war sie auch in der Gesamtelternvertretung.

„Du glaubst nicht, was da nach der Wende los war. Die Eltern haben voll ihren Frust abgelassen. Die Lehrer waren verunsichert. Sollte alles nicht mehr so unterrichtet werden dürfen wie bisher? Gab es denn gar nichts mehr, was man aus der DDR hätte übernehmen können? Durch das neue Schulgesetz wurde außerdem für die 7./8. Klasse quasi zum Wartejahr, da die neuen Lehrpläne zum großen Teil Lehrstoff beinhalteten, den die Schüler schon mal gelernt hatten. Die Lehrer nebst Direktor wussten nicht, ob sie am nächsten Tag noch lehrend tätig sein durften. Die Hälfte der Klasse hatte die Abschlussprüfung nicht erreicht, bei den Ausbildungsjahrgängen des 2. Lehrjahres sah es ähnlich aus. Sieh dich doch heute um. Da haben wir coronabedingt das gleiche Problem in der Volksbildung."

Christine absolvierte nach ihrer eigenen Schulzeit eine Ausbildung und wurde Facharbeiterin für Nachrichtentechnik. Beruflich konnte sie sich durch Kompetenz, Fleiß und durch unterschiedliche Seminare weiterqualifizieren. Sie wurde mehrfach in der Urlaubszeit temporäre Mitarbeiterin in der Politabteilung des Reichsbahnamtes I bei der Deutschen Reichsbahn. Dafür besuchte sie die Bezirksparteischule. Gern hätte sie dort ab Februar 1990 gearbeitet. Da wurde sie durch die Wende 1989 um ihr berufliches Lebenswerk betrogen.

Als sie dann auch noch eine Änderungskündigung mit nur 60 Prozent der tariflichen Arbeitszeit bekam, zog sie sich eine Weile komplett zurück. „Noch heute habe ich daran zu knabbern, wenn ich sehe, wie meine Rente für den Lebensabend aussieht. Als „Krönung" des beruflich finanziellen Desasters wurde die im Einigungsvertrag zugesagte Überführung aller Rentenanwartschaften in das Rentensystem der BRD „par ordre du mufti in 2002 für 17 Berufsgruppen außer Kraft gesetzt – unter anderem auch für die ursprünglich zugesicherte Eisenbahner-Rente – und das alles trotz hier geltenden Rückwirkungsverbots. Meine Gewerkschaft hat bis zum europäischen Gerichtshof dagegen geklagt – und Recht bekommen. Mit allerlei Finten versucht die Politik dieses Landes gerade, sich auch weiterhin vor der Zahlung der Eisenbahner-Rente an einen Großteil der früheren Mitarbeiter*innen der Deutschen Reichsbahn zu drücken."

Der Rückzug war nicht von langer Dauer. Christine setzte sich auch unter den neuen Bedingungen für die Gemeinschaft und den Einzelnen ein – zeitweise in der Bezirksgewerkschaftsleitung und 16 Jahre als Mitglied im Betriebsrat.

In 1999 „durften" sich alle Mitarbeiter und Mitarbeiterinnen ihres Betriebes auf ihren eigenen Arbeitsplatz neu bewerben – wegen Personalüberhangs. Christine hatte Glück und wurde von ihrem neuen Meister in die Außendiensttruppe für Instandhaltung, Wartung und Neuinstallation von Fernmeldeanlagen der Deutschen Bahn für den Bereich Berlin aufgenommen. Ein kurzes Zittern auch hier – in diesem Bereich gab es nur Vollzeit-Stellen und „Dank" der Änderungskündigung von 1990 und darauf folgender mehrmaliger Senkung der tariflichen Arbeitszeit war sie bei einer täglichen Arbeitszeit von vier Stunden und zwölf Minuten „angekommen". Aber auch jetzt – grooßes Glück – setzt sich der neue Meister vehement für sie ein und teilt ihr am 11. Mai 1999 mit, dass ein neuer Arbeitsvertrag in der Personalabteilung für sie zur Unterschrift liegt und sie bitte dort anrufen möge, um zu klären, ob dieser rückwirkend ab Mai oder aber ab Juni gelten soll. Nach dem Telefonat erklärte Christine ihrem Chef, dass sie sofort die Arbeit für diesen Tag einstellen müsse, um einen dringenden Termin zu erledigen. Zögerlich stimmte er zu, um am nächsten Tag zu erfahren, dass er mit seiner Forderung nach einem Vollzeitarbeitsvertrag für Christine dazu beigetragen hatte, einen Jugendtraum zu erfüllen (RIP Horst Iden).

Was war geschehen? In Christines Kopf ratterte die Milchmädchenrechnung: „doppelte Arbeitszeit = doppeltes Gehalt" und so fuhr sie stante pede zu msp am Ostkreuz und sagte dort: *„Ich will ein Motorrad kaufen – dieses dort, aber in einer anderen Farbe und mit ein paar Extras."* Für den Leasingvertrag gab es von Seiten des Ladens einen Rückruf und Schriftwechsel mit der Personalabteilung und es stand der Erfüllung dieses Traumes nur noch eines im Wege – die fehlende Fahrerlaubnis. Am nächsten Tag suchte sie sich eine Fahrschule, die auf Maschinen von Suzuki unterrichtete, unterschrieb den Ausbildungsvertrag, beantragte bei den Behörden die Zulassung zum Führerschein (die dann noch mal ewig auf sich warten ließ) und ab 05. Oktober 1999 eroberte sie sich mit ihrem Motorrad, einer 1200er Suzuki Bandit, eine neue Welt.

Im Jahr 2000 zeigte sie es allen nochmals. Da hat sie den Meister für Elektrotechnik (Fachrichtung Nachrichtentechnik) abgelegt.

Ab 2002 arbeitete sie in einer Projektabteilung der Deutschen Bahn – erst als Projektassistentin, ab 2006 als Projektleiterin für Planung und Errichtung des Mobilfunks bei der Deutschen Bahn (GSM-R). – Sie war verantwortlich für den Bereich der neuen Bundesländer von der Ostsee bis in die nördlichen Gefilde von Sachsen und Thüringen. In 2010/2011 studierte sie parallel an der Projektleiterakademie und machte dort den Abschluss als zertifizierte Projektleiterin.

Im Jahr 2014 wurde sie aus dem beruflichen Alltag gerissen. Sie erlitt im Januar einen Schlaganfall, später, im Herbst des gleichen Jahres, eine Wundheilungsstörung verbunden mit einer Sepsis und war nicht mehr arbeitsfähig. Seitdem erhält sie die Erwerbsminderungsrente.

„Bei meiner Tochter lief das alles auch nicht so nach Wunsch. Wir bekamen einfach keine Lehrstelle für sie in Berlin. Sie bewarb sich dann deutschlandweit. Und stell dir vor, sie bekam ein Praktikum und dann einen Ausbildungsplatz in Wacken – du weißt, da wo die Heavy Metal-Bands ihr Festival zelebrieren – auf einem Gasthof und nun lebt und arbeitet sie schon seit 1995 in Hamburg."

Nach ihrer aktiven beruflichen Tätigkeit engagiert sich Christine im Stadtteil. „Ich kenne eine Menge Menschen und genieße es, durch den Kiez zu gehen. Besonders stolz bin ich, dass ich in der Jury zur Namensfindung der Brücke hier in Ahrensfelde mitwirken konnte. Es gab insgesamt 23 Einreichungen und der Vorschlag, für den ich auch gestimmt habe, ist durchgekommen." *„Wie wird sie denn künftig heißen",* so meine Frage. *„Friedensbrücke",* ihre schlichte Antwort.

„Wenn du wissen willst, ob ich hier angekommen bin, kann ich dir sagen, dass ich so langsam angefangen habe, die Wohnung auch als meine Wohnung zu betrachten. Ich lebe im Grünen, höre abends die Nachtigallen, engagiere mich gern im Netzwerk „Gemeinsam STATT EINSAM", für die Streuobstwiese beim BUND Berlin sowie in der Initiative „foodsharing". Das ist mir alles ein Herzensbedürfnis. Ich habe hier auch Menschen gefunden, die ich anrufen kann, wenn ich Hilfe brauche. Meine Tochter ist meine engste Bezugsperson. Sie möchte ich nicht so gern in meine Probleme involvieren, dafür hat sie in der Kindheit schon so einiges mitbekommen und weiß heute zu schätzen, was ich geleistet habe. Dann habe ich auch die eine oder andere Therapie kennengelernt, auch wenn nicht jede im Pflichtkatalog der Krankenkasse ist. Eins habe ich ganz gewiss in meinen Krisensituationen gelernt und erfahren: Wer ist mein Freund? Auf wen kann ich zählen?"

Nach unserem Gespräch zu diesem Buch treffen wir zufällig auf eine neue Mitarbeiterin des Nachbarschaftshauses, die Christine aus der früheren Zusammenarbeit kennt. Sie freut sich und meint: *„Hallo Anke, arbeitest Du jetzt hier? Na, dann herzlich willkommen in meinem Kiez Marzahn NordWest."*

Peter

„Würde nirgendwo anders mehr wohnen wollen"
(Marion Baumann)

Angekommen? Na klar bin ich angekommen. Schau dich doch um hier: alles grün und dann noch so ruhig. Würde nirgends woanders mehr wohnen wollen. Was denkst du, was bei uns in der Schönhauser Allee los war?! Da haben wir vorher gewohnt. Da brauchtest du keinen Wecker. Da konntest du dich nach den Straßengeräuschen richten. Fernsehen bei geöffneten Fenster ging gar nicht. Da hast du nichts mehr verstanden, selbst wenn der Ton auf Laut war. Ne, alles gut, bin richtig froh, dass wir hier alle eine Wohnung bekommen haben. Dann kam noch dazu, dass unsere Wohnung in der Schönhauser eine Privatwohnung war. Dahinter steckte eine Erbengemeinschaft, die dann auch prompt vor unserer Tür stand nach der Wiedervereinigung. War 'ne richtig harte Verhandlung mit denen. Herausgekommen ist jeweils eine Einraumwohnung für unsere beiden Jungs in der Wichertstraße, 5.000 DM für jeden Abfindung und für uns eine schöne Dreiraumwohnung.

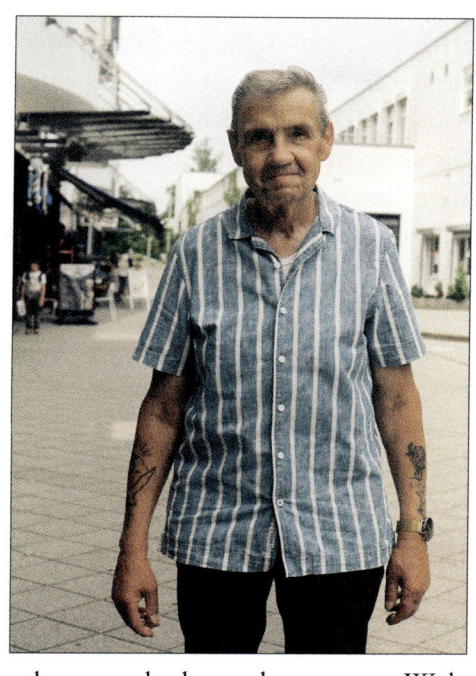

Ich konnte ja immer überall hin, habe beim Zirkus gearbeitet. Mit 18 Jahren habe ich damals in Rostock meiner Mutter gesagt: Ich gehe zum Zirkus. Mein Vater hat mich in meinem Wunsch bestärkt und gesagt:

„*Das machst du richtig.*" Hatte zuvor auf der Werft als Schausteller und Tierpfleger gearbeitet. Und so war ich dann beim Zirkus Eros bis 1974. Zu den Weltfestspielen 1972, da habe ich meine Astrid kennengelernt. Nun wollten wir natürlich auch eine Familie gründen. Der Zirkus hatte seinen Hauptsitz in Hoppegarten und ich hatte für Berlin keine Zuzugsgenehmigung. Was tun?

Ich fand eine Lösung, doch erst einmal will ich sagen: Wenn du beim Zirkus arbeitest, wirst du ganz schnell selbstständig. Diese Zeit dort von 1968 – 1974 hat mich echt geprägt. Viele denken, dass beim Zirkus alle für einen und einer für alle steht, dieser Eindruck trügt. Jede Gruppe steht für sich: die Arbeiter, die Artisten, die Tierpfleger, die Requisiten…. Klar muss nachher alles ineinandergreifen, aber erst mal ist jeder in seiner Gruppe selbst verantwortlich.

Ich war der sogenannte erste Bereiter, das heißt der Assistent des Dresseurs. Das betraf Elefanten, Ponys, Pferde, Kamele, Dromedare, Zebras. Der Chefassistent hat die Pferde fertig gemacht, dass sie in die Manege können. Der kennt auch die Nummer. Die Tiere müssen ja auch, bevor sie für die Manege reif sind, mit dressiert werden. Das war meine Aufgabe. Um einen Elefanten für eine Vorstellung dressiert zu haben, dauert es ca. ein – ein/einhalb Jahre Training, bei Pferden in einer Gruppe von acht bis zehn braucht man die gleiche Zeit, bei einzelnen Pferden musst du so vier bis fünf Wochen rechnen. Da kriegst du automatisch selbst Struktur und Ordnung.

Doch zurück zu meinem Problem: Um in Berlin wohnen zu dürfen, brauchte ich eine Arbeit. Die gab es aber nur, wenn man eine Wohnung hatte. Ich weiß noch, dass ich über den Opa von meinem Kumpel einen Job für Funk- und Fernmeldeanlagen hätte bekommen können. Doch der Betrieb wollte mich erst einstellen, wenn er eine Bescheinigung vom Magistrat gesehen hat. Na irgendwie hat das dann geklappt. Ich musste krankheitsbedingt dann frühzeitig berentet werden, durfte aber dazuverdienen. So habe ich unterschiedliche Jobs auf 450,- Euro Basis gehabt.

Für die Freizeit haben wir einen Garten in Friedrichsfelde. Da steht auf der einen Seite ein fester Bungalow und auf der anderen Seite wächst Grünzeug und Blumen. Damit habe ich nichts zu tun, das ist Astrids Bereich. Da hat sie freie Wahl für all ihre kreativen Ideen. Da kann sie sich voll auslassen. Ich dagegen lasse mir dafür nicht reinreden, was am Bungalow gemacht wird. Ist ja immer was zu tun. Der ist 50 Quadratmeter groß und ich bin gerade dabei, die Außenwand abzudichten. Zum Glück ist unser Garten unter Bestandsschutz, sodass da nicht wieder mal einer vor der Tür steht und meint, wir müssten den räumen.

Ja und dann haben wir unser schönes Wohnumfeld. Anita, Astrids Mutter, wohnt hier auch gleich um die Ecke. Wir können uns täglich sehen, füreinander da sein. Das ist sehr wichtig im Alter. Und hier unser Kieztreff, das ist unser verlängertes Wohnzimmer. Hier fühlen wir uns alle wohl. Wenn ich alle sage, meine ich damit auch noch andere Nachbarn. Was meinst du, wie dankbar die hier sind, dass sie trotz Corona ihr Mittagessen nach Hause holen können. Gerade unsere älteren Nachbarn. Erst freuen sie sich, dass sie einen Grund haben, mal rauszukommen und dann freuen sie sich auf ein Small Talk beim Essen Abholen und dann noch mal auf ihr Essen. Auch Einkaufshilfen laufen gut. Was denkst du, was hier für Masken genäht wurden, als es noch keine gab, aber jeder eine haben sollte. Also das funktioniert hier alles auf Blickkontakt. Wir sind hier definitiv angekommen und feiern jetzt nur noch ab und genießen unsere Zeit.

Havemannstraße

Die Havemannstraße erschließt Marzahn Nord und reicht vom S-Bahnhof Ahrensfelde bis zum Eichepark an der Brandenburgischen Landesgrenze.

Sie wurde 1983 als Erich-Glückauf-Straße eingeweiht. Hier sind heute die meisten Supermärkte, Ladengeschäfte und Arztpraxen angesiedelt.

Dazu kommt das Havemanncenter. Robert Havemann, nach dem die Straße benannt ist, war Chemiker und Widerstandskämpfer gegen den Faschismus.

Politisch setzte er sich für eine demokratische Erneuerung des Staatssozialismus ein.

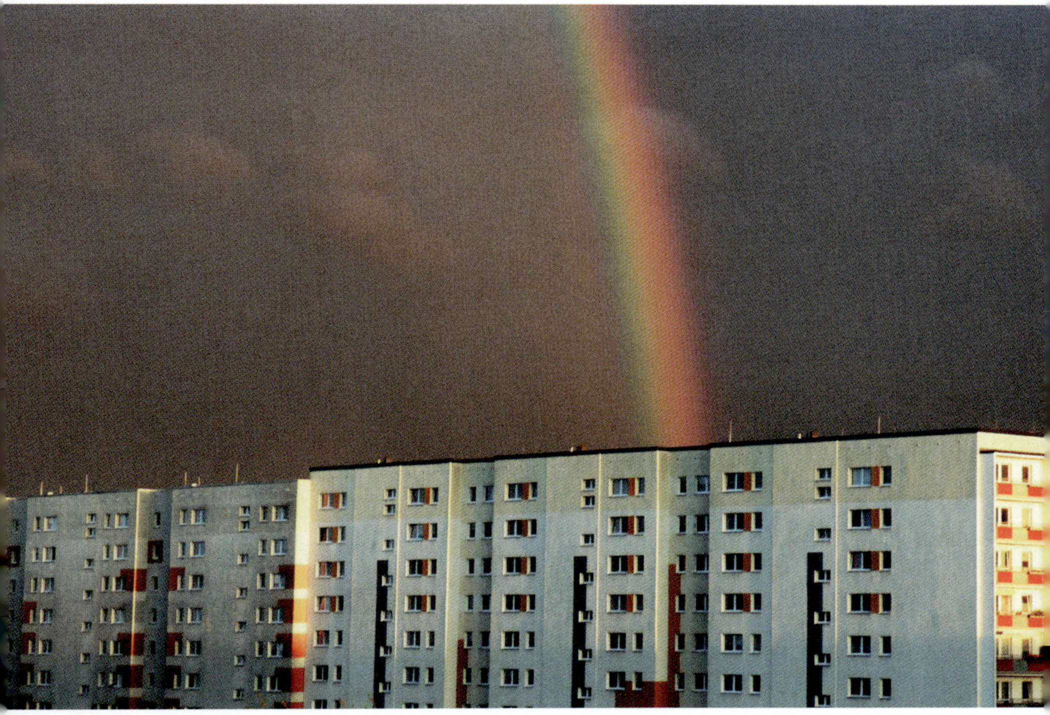

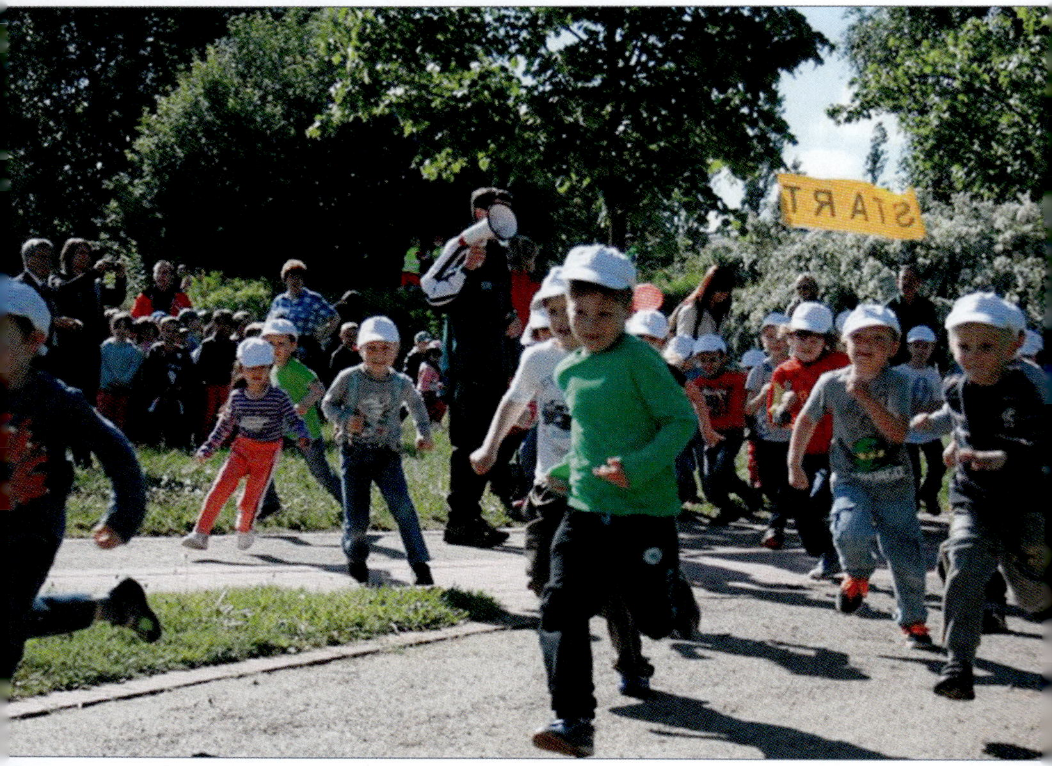

Sabine

„Zufall oder Fügung."
(Marion Baumann)

Aufmerksam höre ich Sabine zu. Vor mir läuft ihr Lebensfilm ab. Das am häufigsten von ihr geäußerte Wort ist: Zufall.

„Bis November 1986 wohnte ich mit meinem damaligen Mann, der bei der Transportpolizei tätig war, in dessen Dienstwohnung in Lichtenberg. Als unser Sohn ein halbes Jahr alt war, bekamen wir nach mehreren Eingaben eine Wohnung in Marzahn West. Der ganze Block sowie auch die Häuser in der unmittelbaren Nachbarschaft waren an Polizeiangestellte vermietet. Ein komischer Zufall. Ich kann heute sagen, ich war gut gesichert. Heute sind da kaum noch welche von den Mietern übrig. Nach der Wende sind die meisten da weggezogen."

„Mein Elternhaus war schwierig, meine Mutter sehr dominant." Eine Sanktion im Elternhaus war, wochenlang nicht miteinander zu reden. Schon als Vorschulkind vertraut Sabine ihre Sorgen den Bäumen an, die in ihrem Harzer Kindheitsort stehen. *„Es gab ganz bestimmte Bäume, die ich dafür ausgesucht hatte."* Sabine sagt über ihre Kindheit: *„Draußen toben war nichts für mich. Mit Gruppen konnte ich nichts anfangen."*

Sabine zieht es in die Großstadt. *„Der Kontakt zu anderen gewann mit wachsendem Alter an Bedeutung."* Sie hat sich bewusst für ein Studium in Berlin entschieden, mit einem Durchschnitt von 1,4 im Abitur. Wie den meisten Mädchen in der DDR wurde ihr das Lehrer und Lehrerinnenstudium ans Herz gelegt. Diese Studienrichtung bezeichnet sie als Zufall. Sie genießt die Anonymität der Großstadt. Sie merkt aber auch, dass soziale Kontakte in dem Maße, wie sie sie zulassen möchte, wichtig für sie sind. Oft beschleicht sie das Gefühl, Erwartungen von außen nicht erfüllen zu können. Ihr Perfektionismus dämpft auch ihre eigenen Erwartungen. *„Ich wollte eigentlich Journalistik studieren oder was mit Sprachen, wollte schreiben, wollte reisen, hab mich einfach nicht durchgesetzt, es war alles durch meine dominante Mutter schon vorab geklärt, habe zu allem ja und Amen gesagt."* Aber nun ist sie in der Großstadt, weit weg von zu Hause. Sie wird weltoffener in ihren Ansichten, setzt sich mit Homosexualität auseinander, wird toleranter gegenüber allen möglichen Gruppen am Rande der Gesellschaft.

Nach dem Studium arbeitet sie ab 1980 fünf Jahre als Lehrerin. *„Ich konnte mich einfach nicht durchsetzen im Unterricht."* Mit einem betriebsärztlichen Gutachten gelingt es Sabine, dass sie aus der Volksbildung entlassen zu werden. Das ist ein Umstand, der in der DDR nicht selbstverständlich war. Einmal Volksbildung – immer Volksbildung.

Über Beziehungen wird sie Hostess im Palast der Republik. Das war auch so ein Zufall. Danach rückt sie ihrem Wunsch, schreiben zu können näher und arbeitet an der Betriebszeitung von Stern-Radio und nach einigen Monaten dort als Sachbearbeiterin eines Robotron-Schulungszentrums in Marzahn. *„Aber die Angst vor Schülern, Eltern und Kollegen hat mich noch sehr lange verfolgt."*

1995 zog Sabine mit Familie, inzwischen war das zweite Kind, eine Tochter, drei Jahre alt, von der Drei- in eine kleine Vierraumwohnung im selben Block in Marzahn West. Dort wohnt sie heute noch. Zwei Familien waren geblieben, als 2001/2002 die Plattenbausanierung für ihren Block begann. *„Bei laufendem Sanierungsbetrieb sind wir in der Wohnung geblieben. Ich kann mich noch erinnern, wie die Bauarbeiter mit der Schubkarre durch das Wohnzimmer gegangen sind."*

Über ihre Partner sagt Sabine heute: *„In meine Beziehungen bin ich immer so hineingeschlittert. Ich bin so eine Kümmerin. Es war so mehr von Zufällen begleitet, bis auf meine jetzige Beziehung: Da habe ich mich das erste Mal ganz bewusst entschieden. Er ist aus Nordrhein-Westfalen zu mir nach Berlin gezogen. Er würde gern noch mal umziehen. Doch ich will hier eigentlich nicht so gern weg. Ich liebe Bäume und die freie Natur. Habe ja gesagt, warum Bäume in meinem Leben so eine große Rolle spielen. Wir haben in unmittelbarer Nähe die Barnimer Feldmark, die Falkenberger Krugwiesen, die Rieselfelder. Vom Preis her ist unsere Wohnung für Berliner Verhältnisse unschlagbar. Wenn ich daran denke, wie wenig Rente ich bekomme, muss ich schon rechnen. Solange wir zu zweit sind, ist alles kein Problem. Ich bin hier auch nicht anonym. Berlin lebt von der klassischen Kiezkultur. Ich kenne hier viele Menschen, dann schwatzt man auch mal gerne. In meiner Apotheke bin ich zum Beispiel seit 1986 Stammkundin.*

Vom Balkon aus schaue ich auf den Schulhof der Schule am grünen Stadtrand. Ich höre hier regelmäßig die Schulglocke, Kinder toben in den Pausen und sind laut. Das muss man eben aushalten. Ist ja auch nur für kurze Zeit. Nun habe ich auch keinen Führerschein und trotzdem komme ich überall hin, weil wir hier verkehrsmäßig gut angebunden sind. Von der Nahversorgung ist auch alles da. Na gut, ein Drogeriemarkt fehlt, aber dann fahr ich eben woanders hin. Auch mit den Ärzten ist das so eine Sache. Mein Hausarzt ist 78 Jahre alt und wird in absehbarer Zeit aufhören. Unsere Fachärzte sind in anderen Bezirken. Noch bin ich mobil, in der Nähe wäre natürlich besser"

Ich frage Sabine, ob es auch Dinge gibt, über die sie sich in ihrem Wohnumfeld ärgert. *„Ja, da sind diese Trinkergruppen vor REWE, echt kein schöner Anblick. Dazu kommt die Vermüllung. Schlimm finde ich auch den Vandalismus: Bänke werden besprüht, Papierkörbe herausgerissen. Das ärgert mich."* Ansonsten findet sie den kleinen Zipfel Marzahn West schön, die Fünf- bis Sechsgeschosser, die vielen Bäume ...

Sie liebt es ruhig und sie liebt Natur. Das hat ihr ihr Vater – ehrenamtlich im staatlichen Jagdwesen der DDR engagiert und eher der Heger als der Jäger – mitgegeben. Von klein an hat sie ihn in den Wald begleitet.

Er hat ihr die Pflanzen- und Tierwelt erklärt, die Sternbilder am Himmel. Sie braucht den Blick ins Grüne. Notizblock und Stift sind immer dabei. *„Ich schreibe gern Tagebuch, lese Fachbücher für Psychologie und Philosophie, z.B. Precht.* (Richard David Precht, Deutscher Philosoph und Publizist) *In regelmäßigen Abständen diskutieren wir mit Freunden am Stammtisch in Kreuzberg. Das genieße ich. Da haben wir immer so zwei bis drei Kneipen zur Auswahl. Dieser Kontakt einmal pro Woche oder auch mal in größeren Abständen reicht mir dann auch und ich zehre davon bis zum nächsten Treffen."*

„Wenn du so gerne schreibst, gehst du dann auch zur Textbar in den Kiez-Ttreff West?", frage ich Sabine. *„Nein, da werden immer Themen vorgegeben, das ist nicht so mein Ding. Da empfinde ich Druck und das funktioniert nicht bei mir. Ich fotografiere sehr gern. 2008 gab es über web.de eine Fotogruppe, zu der ich über eine Freundin stieß. Das waren nette Leute. Obwohl ich nicht wirklich fotografieren konnte, habe ich aus Interesse mitgemacht. Ich musste viel Gelächter und Kritik einstecken – ich gebe zu: Meine Fotos waren damals grottenschlecht. Ich bin sehr sensibel und es war auch oft sehr verletzend, aber ich bin dran geblieben und an den Aufgaben gewachsen. Vor allen Dingen sah ich andere Perspektiven, hatte mich aus meiner damaligen Beziehung gelöst."*

Irgendwann gab es diese Gruppe nicht mehr, aber Sabines Liebe zur Fotografie blieb. So ist es nicht verwunderlich, dass sie mit ihrer Kamera viel in die Natur geht. *„Ich fotografiere gern viele Details – konzentriere mich dabei und fühle, wie ich dann eins werde mit der Kamera. In solchen Momenten fällt alles von mir ab und ich bin beseelt. Ich kann dann richtig abtauchen. Das gelingt mir nur beim Fotografieren …*
Also nach so vielen Jahren kann ich sagen, dass ich angekommen bin."

Anoush und Dila
„Warten auf das Ankommen"
(Oleksandra Bienert)

Wenn Anoush den Raum betritt, beherrscht sie ihn gleich durch ihre sanfte Präsenz. Sie hat schöne dunkle Haare und ein lebendiges und freundliches Gesicht. Dieses Gesicht hat eine fast unsichtbare Spur von Traurigkeit, die in einer kleinen Falte an der Stirn ab und zu auftaucht und sich wieder verbirgt. Anoush – seit drei Jahren wartet sie auf ein Wiedersehen mit ihrem Mann. Er ist im Iran geblieben, von woher Anoush und ihre Tochter Dila fliehen mussten. Ihr Mann will nach Deutschland nachkommen, sobald Klarheit mit den Papieren besteht.

Man sieht ihr an, dass sie in ihrem Leben viel gesehen und durchgemacht hat. Anoush kommt aus einer Großstadt im Iran, wo sie Lehrerin war.

Sie war Muslima, wie fast alle im Iran, wo seit der Revolution 1979 der politische Islam vorherrscht. Islam kann unterschiedlich gelebt werden – weniger oder mehr konservativ, je nach der Interpretation. Politischer Islam im heutigen Iran bedeutet, dass der iranische Präsident keine wirkliche Macht besitzt. Die Macht geht vom religiösen Anführer aus, der seit Jahrzehnten eine bestimmte, sehr konservative Sicht auf den Islam verbreitet. Im heutigen Iran, so erzählt Anoush, darf man daher nicht frei entscheiden, welcher Religion man angehört. Sie fand den politischen Islam aufgrund der sehr konservativen Haltung gegenüber Frauen sehr gefährlich. Ich bitte sie um Beispiele und Anoush zeigt mir ein Klassenfoto mit neunjährigen Mädchen: *„Sie müssen laut dortigen Regeln ein Kopftuch tragen!"*, regt sie sich auf. *„Aber sie sind noch so jung und es gibt keinen einzigen Mann in der Schule. Mädchen und Jungs gehen in getrennte Schulen."* Anoush hatte viele Probleme, auch damit, wie über Gott geredet wurde. *„Es hieß, man soll sich vor dem Gott fürchten. Es hieß, Gott würde euch böse bestrafen, falls bestimmte Regeln nicht befolgt werden. Zum Beispiel: Falls eure Haare sichtbar sind, wird Gott eure Haare festklemmen"*. Kinder haben sich vor dem Gott sehr gefürchtet. *„Aber warum?"*, fragt Anoush. *„Im Christentum ist Gott doch immer lieb!"* Sie hatte immer größere Probleme mit dem politischen Islam und entschied, zum Christentum zu konvertieren. Dafür droht im Iran eine Verhaftung oder sogar die Todesstrafe. Auch dürfen Christen nicht an einer Schule unterrichten.

Anoush und ihre Familie haben durch die Konvertierung immer mehr Probleme bekommen. Sie entschieden sich, zu fliehen. Deutschland schien ihnen ein sicheres Land zu sein. Es gibt hier mehr Sicherheit, als in anderen Ländern und es gibt hier bereits eine große iranische Community. Daher haben sie sich für Deutschland entschieden. Anoushs Mann musste im Iran bleiben. Sie hofft jeden Tag, dass das Warten auf das Wiedersehen mit ihm irgendwann ein Ende hat.

Zusammen mit ihrer Tochter Dila, die heute 11 Jahren alt ist und bei diesem Gespräch in perfektes Deutsch übersetzt, kam Anoush 2018 in Schleswig-Holstein an. Schließlich wurden sie in eine Unterkunft für Geflüchtete nach Berlin verwiesen, in ihrem Fall nach Marzahn-Hellersdorf. Durch viele Begegnungen mit anderen Deutschen ist ihr aufgefallen, wie ähnlich sich doch die deutsche und die iranische Kultur sind, was eine Familie angeht. *„Es ist hier vieles ähnlich wie im Iran"*, sagt Anoush. *„Zum Beispiel die engen Beziehungen in einer Familie, besonders sieht man das bei den Älteren. Man hat einen ähnlich engen Kontakt."* Auch ist der Kontakt zwischen der Schwiegermutter und der Schwiegertochter ähnlich: *„Die Schwiegertochter steht ihrer eigenen Mutter oft näher als der Schwiegermutter. Gleichzeitig steht der Sohn seiner eigenen Mutter näher als seiner Schwieger-*

mutter." Da sieht Anoush Parallelen zwischen den Ländern. Es gibt auch Unterschiede: Im Iran sind es Kinder sehr gewöhnt, dass ihnen die Eltern helfen. Sie werden manchmal dadurch ein bisschen faul. *„Meine Mutter ruft mich immer noch jeden Tag an"*, sagt Anoush, *„auch hier – sie macht sich große Sorgen um mich"*. In Deutschland werden Kinder viel früher selbstständiger.

Anoush und Dila sind seit drei Jahren in Deutschland und haben Asyl beantragt. In Marzahn leben sie seit eineinhalb Jahren. Sie finden es hier sehr schön, vor allem wegen dem vielen Grün und der Ruhe.

Dila geht hier zur Schule und ist mit ihrer Klasse sehr zufrieden. Stolz präsentiert sie mir ihre Noten – alles Einsen. Sie mag alle Fächer, außer Sport. Und sie mag Lesen. Oft holt sie sich Bücher in der benachbarten Bibliothek zum Lesen ab. Zurzeit sind Geschichten über Einhörner und Feen sowie Phantasiebücher über Abenteuer bei ihr ganz beliebt. Ihr Traum ist es, einmal Zahnärztin zu werden. Sie lernt sehr viel, um später aufs Gymnasium zu wechseln und Abitur zu machen. Dila hat gute Freundinnen in der Schule kennengelernt. Ihre beste Freundin heißt Katharina und wohnt in der Nähe. Sie geht sie manchmal besuchen – gerade gestern war sie wieder bei ihr.

Anoush geht jede Woche in die Evangelische Kirche – sie fährt dafür nach Alt-Marzahn. Da hat sie neue Freunde und Freundinnen kennengelernt. Freunde und Freundinnen haben sie auch in der Iranischen Kirche, aber diese ist zu weit für sie, um sie zu besuchen. Da Anoush zurzeit hier als eine alleinstehende Frau mit Kind wohnt, ist es für sie schwierig, rauszugehen, da sie auf alleinstehende Männer aus anderen Ländern trifft. Wäre auch ihr Mann hier, wäre es ganz anders. So verbringt sie ihre Zeit meistens zu Hause. Sie schaut gern Serien und Filme auf Deutsch und Persisch. Nächsten Monat möchte sie einen Deutschkurs machen.

„Hast Du einen Traum?", frage ich Anoush zum Schluss unseres Gesprächs. *„Ich möchte gern Deutsch richtig lernen. Und später unterrichten.*

Aber vor allem möchte ich meinen Mann wiedersehen." Anoush begleitet mich zum Ausgang. Sie hat viel gelächelt in unserem Gespräch. Ihr Gesicht wirkt wieder sehr konzentriert. Die traurige Falte ist immer noch da. Aber die großen, klugen Augen strahlen die Hoffnung aus, hier einmal auch anzukommen.

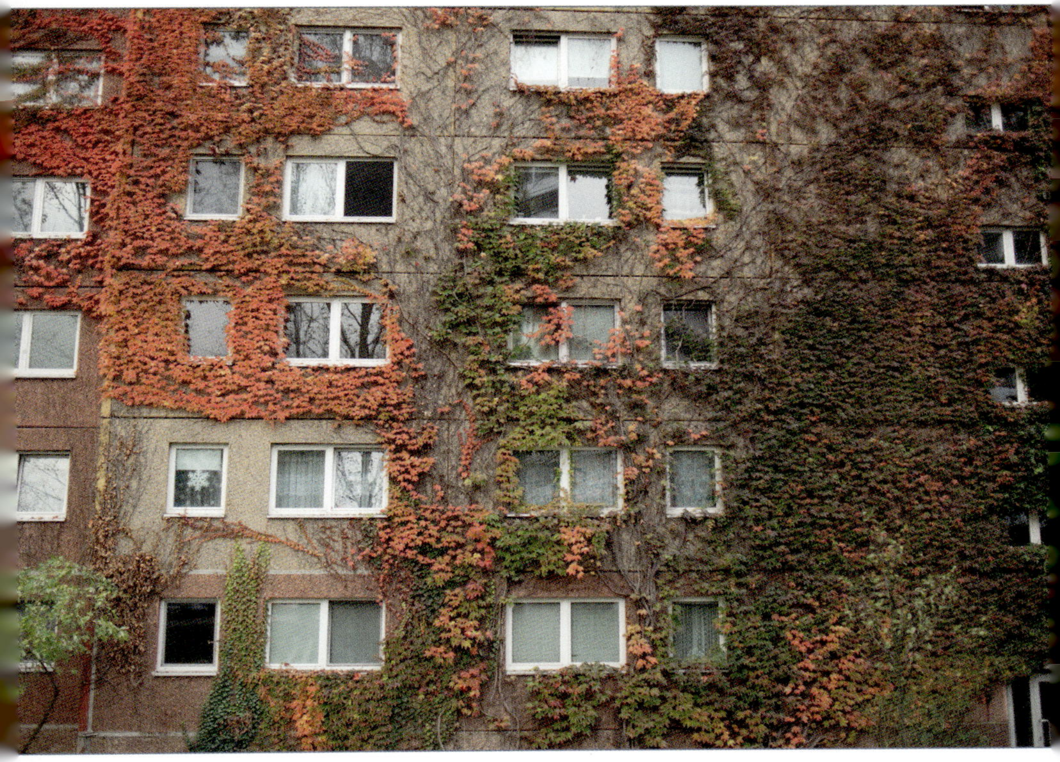

Geraer Ring

Der Geraer Ring ist die wichtigste
Straße in Marzahn West.

Die Straße wurde 1985 eingeweiht.

Der Geraer Ring wurde nach dem damaligen
Bezirk der DDR und der Stadt Gera benannt.

Das dortige Wohnungsbaukombinat Gera errichtete einen Teil der Wohnungen in Marzahn West.
Die Fertigteile wurden per Bahn angeliefert.

Deshalb befinden sich am S - Bahnhof Ahrensfelde
die vielen, heute überflüssigen, Gleise.

Der andere Teil der Wohnungen wurde vom
Wohnungsbaukombinat Halle errichtet.
Daran erinnern zum Beispiel die Köthener
Straße oder die Merseburger Straße.

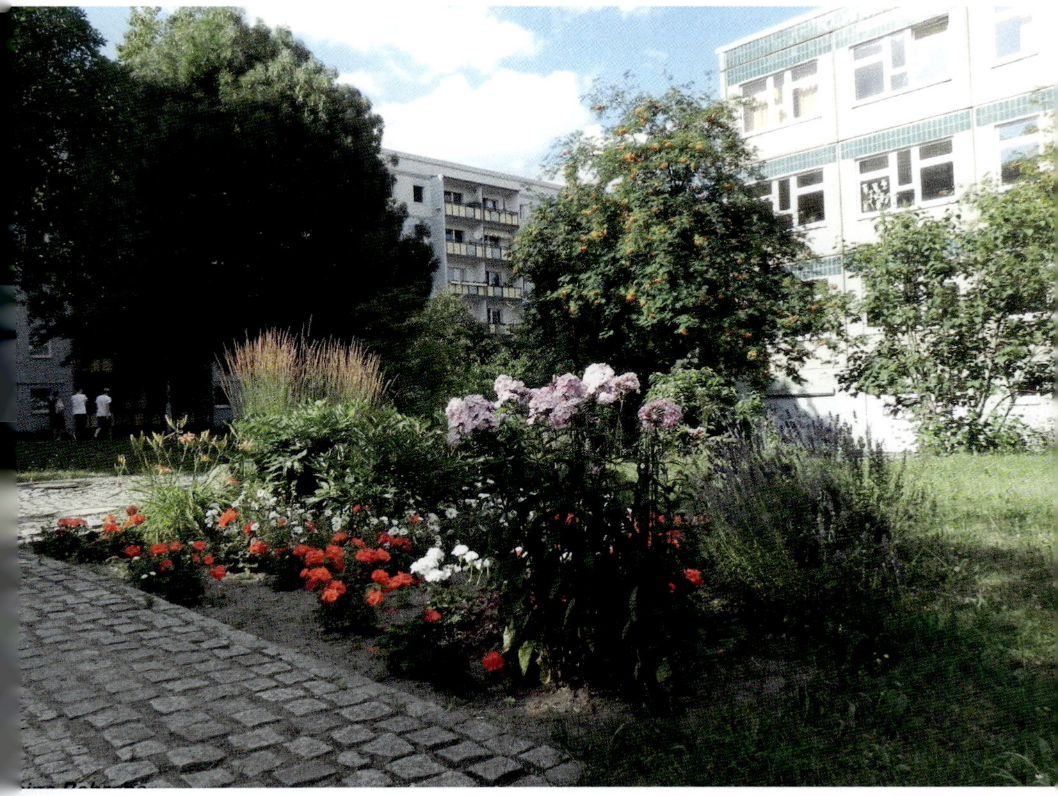

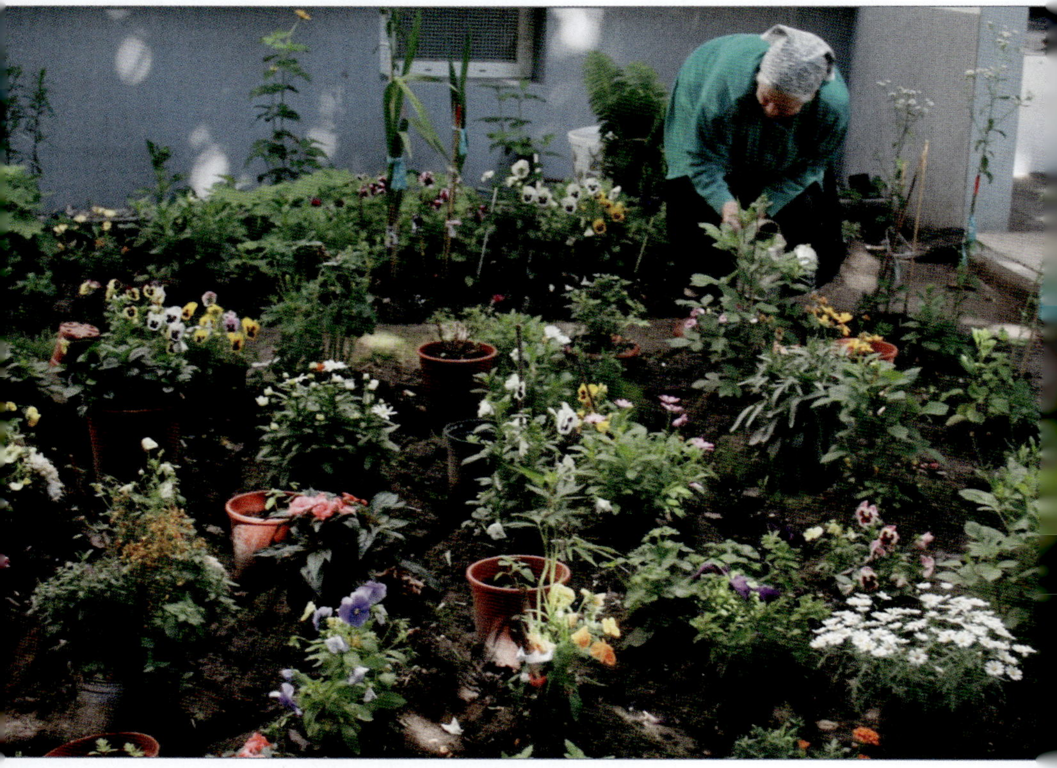

Sabrina

„Von der Idee bis zur Vision."
(Marion Baumann)

Ich fand Marzahn total sch…! Ich kann mich noch sehr gut daran erinnern, als es hieß: *„Wir ziehen nach Marzahn."* Das war drei Jahre nach der Wende. Da war ich zwölf Jahre alt. Bis dahin wohnte ich mit meinen Eltern im Prenzlauer Berg. Ich war ein Oma-Kind.

Meine Großeltern lebten in der heutigen Danziger Straße im Vorderhaus – eine große Dreiraumwohnung mit einem nicht enden wollenden Flur, Küche, Bad. Als mein Opa verstorben war, zogen wir zu dritt zu meiner Oma. Das war perfekt für mich. Sie hat mich sehr geprägt und sich für mich förmlich ein Bein ausgerissen.

Doch dann kam einige Zeit nach der Wiedervereinigung der Hammer: Zwei Schmuckgroßhändler aus München standen vor unserer Tür und wollten uns zum Ausziehen bewegen, weil sie die Eigentümer waren und ihnen das gesamte Mietshaus zurück übertragen wurde. Mein Vater hatte viel in diese Wohnung investiert. Alles, was man so modernisieren konnte, hat er in dieser Wohnung gemacht, Heizung eingebaut etc.

Die Eigentümer setzten meine Eltern sehr unter Druck. Als erstes zog meine Oma aus in eine Einraumwohnung. Das allein war schon schrecklich genug für mich. Dann wurden meine Eltern schikaniert und mit

20.000 DM abgefunden, damit sie endlich auszogen. Erst bestand die Überlegung, auf unserem Grundstück in Erkner zu bauen. Aber eh man da an eine Baugenehmigung kam und die anderen bürokratischen Hürden gemeistert hätte ... Es war quasi Gefahr im Verzug und die Schmuckgroßhändler verstanden keinen Spaß und duldeten erst recht keinen Zeitaufschub.

Über eine Annonce kamen wir dann zu einer Dreiraumwohnung in der Trusetaler Straße in Marzahn. Als der Umzug Ende März 1993 anstand, habe ich nur herum gemotzt. Alles in mir sträubte sich. Allein der Gedanke, dass ich noch weiter weg von meiner Oma wohnen müsste, machte mich fertig. Ich hatte mich am Umzugstag so hinein gesteigert, dass ich krank wurde und mich total schlecht fühlte. Ich lag die ganze Zeit auf der Couch und um mich herum wurden Möbel und Kisten aus der Wohnung getragen. Irgendwann musste ich aufstehen, weil auch die Couch dran war. In der neuen Wohnung angekommen, wurde die Couch als erste wieder ausgeladen und schon lag ich auch wieder drauf.

Dann kam der Alltag. Ich war in der 6. Klasse und sollte bis zum Ende des Schuljahres noch die alte Schule weiter besuchen, weil mit der 7. Klasse sowieso ein Wechsel anstand. Das hieß für mich konkret, ich hatte jeden Morgen einen langen Weg mit der Straßenbahn zu bewältigen. Ich kann mich noch gut erinnern, dass meine Mutter mich morgens zur Straßenbahn begleitete, aus Sorge, ich würde sonst nicht zur Schule fahren. Wenn ich dann aus der Schule kam und wieder in die neue Wohnung fahren musste, habe ich mich immer richtig schlecht gefühlt. Ich fühlte mich so außen vor. Ich bin dann oft zu meiner Oma gefahren und verbrachte teilweise auch die Sommerferien vor der 7. Klasse bei ihr. Im Prenzlauer Berg hatte ich vor der Wende die „Adolf-Diesterweg-Oberschule" besucht. Die Direktorin war Frau Mundt. Sie war sehr streng. Damals war mir gar nicht bewusst, dass in meine Klasse auch einige Heimkinder gingen. Eines Tages kam Frau Mundt in unsere Klasse, zeigte auf meine Mitschülerin und sagte: *"Claudia, du kommst jetzt mit"*. Wir haben Claudia nie mehr wieder gesehen...

Ich weiß noch, dass ich mal zu Frau Mundt ins Büro musste, weil ich absolut nicht lesen lernen konnte. Über ihr, zwischen zwei Fenstern, hing ein Erich-Honecker-Bild. Um die Ecke von der Schule war das Kinderheim Joliot Curie. Da konnte ich noch nicht ahnen, dass die Aufarbeitung der Heimgeschichte der DDR mal mein Lebensinhalt werden würde. Alles begann mit meiner Freundin, die ihren Vater suchte. Doch dazu später mehr.

Ich kam dann in die neue Klasse in Marzahn, die ja für alle neu war. Zum Glück konnte ich schnell Freunde finden. Ich besuchte also fortan die Thüringen-Oberschule.

2001 wurde ich mit meiner Ausbildung in einer Bundesbehörde fertig und bezog meine erste eigene Wohnung – in Marzahn.

Ich hatte mich diesmal bewusst für Marzahn entschieden. 2012 erhielt ich dann über die Genossenschaft „Marzahner Tor" eine schöne Dreiraumwohnung, in der ich mich sehr wohl fühle. Wir haben einen schönen Innenhof, der begrünt ist. Es gibt natürlich auch Ecken in Marzahn, wo ich nicht gern wohnen würde. Marzahn hat seit der Wende eine starke Wandlung genommen. Bei uns im Haus ist z. B. 2016 eine syrische Familie mit mehreren Kindern eingezogen. Da kann ich sagen, da hat Integration mal geklappt. Freundlich, sehr nett, deutsche Sprache gelernt, Kinder in der Schule gut angekommen.

Also ich fühle mich angekommen in Marzahn. Wir haben eine gute Infrastruktur, das „Eastgate" und einen Mietpreis von 520 Euro warm, wo würde ich dafür eine gleichwertige Wohnung in der Größe bekommen? Was aber noch viel wichtiger ist: Ein Teil meiner Freunde ist hier im Wohngebiet verstreut. Den Garten in Erkner, wo wir vor der Wende bauen wollten, nutzen wir seitdem für die aktive Naherholung.

Hinzu kommt, ich bin nun auch beruflich angekommen, habe nette Kollegen und Kolleginnen, meine Arbeitszeit ist flexibel. Finanziell habe ich mein Auskommen. Habe meine Entscheidung für Marzahn bis heute nicht bereut. Selbst meine Oma ist später auch wieder nach Marzahn gezogen und hat ihre letzten Lebensjahre in einem Seniorenheim in der Schleusinger Straße verbracht. Wir konnten uns auf dem kurzen Weg erreichen und jeden Sonntag habe ich sie besucht.

Neben meiner beruflichen Tätigkeit bin ich seit Jahren auch ehrenamtlich engagiert. Die Richtung meines Engagements hat eine schicksalhafte Begegnung bedingt. Hier kommt wieder meine Freundin ins Spiel, die auf der Suche nach ihrem Vater war. Mit einem Blatt Papier fing die Suche an. Inzwischen sind meine Wände voll mit schicksalhaften Kindheitserinnerungen von Betroffenen aus dem größten Kinderheim der ehemaligen DDR, dem „Kinderheim A. S. Makarenko" in der Königsheide. Viele sind noch heute auf der Suche nach ihren Angehörigen. Gemeinsam mit Gleichgesinnten haben wir einen Verein gegründet und eine Stiftungsinitiative, um die Heimgeschichte der DDR aufzuarbeiten.

Am historischen Ort haben wir mit vereinter ehrenamtlicher Kraft ein „Informations- und Begegnungszentrum (IBZ Königsheide)" eröffnet, war doch dieser Ort für alle einen Zeitabschnitt in ihrem Leben ihr Zuhause. Jetzt kehren sie gern zurück und engagieren sich ehrenamtlich. Unser „IBZ Königsheide" dient der Begegnung für Ehemalige, Interessierte, Betroffene, Forschende sowie Unterstützende aus allen Richtungen und vielen Ländern. Dieser Ort versteht sich auch als Internationale Forschungs- und Dokumentationsstätte für Heimerziehung.

Ich bin manchmal am Limit, aber auch sehr stolz, dass aus der Suche nach einem Vater so eine unglaublich erfolgreiche Entwicklung viele Menschen unterschiedlicher Wurzeln zusammengebracht hat. Das beweist mir, dass eine Idee, bei der sich Gleichgesinnte finden, zu ganz tollen Projekten führen kann, die allen dienen. Dafür schlägt mein Herz – und ja: Ich bin angekommen!"

Shirin

„Eine Flüchtlingsgeschichte, die unter die Haut geht."
(Marion Baumann)

Shirin (Name geändert) – 52 Jahre – ist mir das erste Mal zur Feier anlässlich des Internationalen Frauentages 2020 begegnet. Wir trafen uns alle in einem Frauenprojekt. Alles war bunt ausgeschmückt und es gab länderspezifisches Essen, das die kurdischen Frauen aus dem Irak und Syrien zubereitet hatten. Shirins Tochter, ein bildhübsches junges Mädchen, posierte mit ihrem Handy für Selfies und wollte auch gern ein gemeinsames Bild mit ihrer Mutter Shirin. Sie gab mir ihr Handy und ich schoss einige Bilder. Da ahnte ich noch nicht, welchen Leidensweg sie hinter sich hatten. Sie machten einen durchaus glücklichen Eindruck. Sie verwöhnten uns mit ihren Speisen und wir sangen zusammen. Immer mehr Frauen stießen dazu, teils mit festlich gekleideten Kindern. Wir sangen uns gegenseitig Volkslieder vor. Zur Krönung tanzten dann die Frauen zu ihrer Musik und alle fühlten sich wohl.

Nun sitze ich Shirin erneut gegenüber und erfahre ihre Geschichte. Shirin ist eigentlich in Slimaniya im Nordirak zu Hause, genauer im kurdischen Gebiet. Sie hat schon Deutsch gelernt, aber für unser Gespräch übersetzt Madame Rim, wie sie von ihren Schützlingen liebevoll genannt wird. Sie ist die Ansprechpartnerin für alle kleinen und großen Sorgen für Frauen wie Shirin. Sie ist selbst Syrerin mit kurdischer Abstammung und Syrische Oppositionsvertreterin. *„Die meisten Frauen, die zu mir kommen, sind durch die Kriegsereignisse schwer traumatisiert, aber was sie dann auf der Flucht erleben mussten, um zu überleben, sprengt jede Vorstellungskraft."* So auch bei Shirin.

Als sie noch Single war, träumte sie von einer Zukunft in Deutschland. Ihr Bruder hatte es ihr vorgelebt und hatte seit Jahren seinen Wohnsitz in Kiel. Doch als junge Frau war sie in ihrer Heimat mit ihrer großen Liebe verlobt und war glücklich. Sie wurde dann aber 1997 mit einem anderen Mann zwangsverheiratet. *„Ich wollte den nicht, musste mich aber dem Druck der Familie hingeben."* Hier begann ihr Martyrium. Nacheinander wurden ihre drei Kinder geboren, die ihr Halt wurden. Alkoholexzesse, Zerstörungswut und Gewalt wurden nicht nur für sie, sondern auch für die Kinder ständige Begleiter.

Mit großer Sorge musste sie auch die kriegerischen Handlungen in Syrien und den wieder aufgeflammten Konflikt im Irak mit ansehen, der besonders die Zivilbevölkerung hart trifft. Viele Menschen waren und sind zur Flucht in sichere Gebiete gezwungen.

Shirin ist in dieser Zeit Lehrerin für Arabisch in ihrer Heimat und unterrichtet Kinder in den oberen Klassen. Die Lebensumstände werden für sie immer unerträglicher. Die Gespräche mit ihrem Bruder in Kiel dafür intensiver. *„Ich habe eines Tages zu meinen Kindern gesagt, dass wir verreisen, aber sie dürfen es keinem erzählen."* Das war im Februar 2017. Ihre Kinder sind zu diesem Zeitpunkt 15, 13 und 12 Jahre alt. Sie müssen gespürt haben, dass es hier eine Chance geben würde, aus der Gewaltspirale in den eigenen vier Wänden und dem Krieg im Land zu entkommen, obwohl sie nicht wussten, wohin sie die Reise führen würde.

Shirin hatte alles Geld in Schleppergebühren für sich und ihre Kinder investiert, mit dem Endziel Kiel in Deutschland. So war es mit dem Bruder abgesprochen. Es waren 24.000 Dollar. Eine beschwerliche Flucht, weg vom Krieg und weg vom Ehemann begann.

Die Reise führte zunächst in die Türkei nach Ismir. Sie wusste nicht, was sie in Folge erwarten würde, aber ihr Entschluss stand fest: Es gibt kein zurück. *„Lieber wäre ich gestorben, als jemals zurückzukehren."*

So standen sie frierend vor Kälte und warteten auf ihren nächsten Transfer nach Italien. Ein kleines Paddelboot wurde mit einem Seil an Land gezogen und sie konnten bei Eiseskälte und Wind einsteigen. Auf dem offenen Meer stiegen sie um in ein kleines Boot, das für 27 Personen zugelassen war. Ihre Schlepper waren Russen und wiesen sie an, in die untere Etage des Bootes zu klettern. Hier befanden sich zwei Zimmer und ein kleiner Verschlag. Endlich trocken, endlich warm. Auf dem Meer tobten orkanartige Winde und es regnete. *„Mir ging es so schlecht. Ich wurde seekrank, musste mich ständig übergeben. Ich stand immer wieder vor der Entscheidung: Kann ich meine Kinder hier unten im Boot allein lassen, während ich mich nach oben schleppte, um mich zu übergeben? Ich hatte Angst um meine Kinder und sie hatten Angst um mich."*

Die Überfahrt dauerte acht lange Tage. In diesen acht Tagen gab es nur Himmel und Wasser, wenig zu trinken und nichts zu essen. Zum Überleben wurden Zitronenscheiben und einzelne Datteln verteilt. *„Bei dem hohen Seegang haben wir alle geschrien vor Angst. Doch das war unseren Schleppern egal. Im Gegenteil, sie haben laut gelacht. Als wieder Land in Sicht war, haben sie uns auf dem Schlauchboot wieder ausgesetzt und waren mit ihrem Boot verschwunden. Wieder hatten wir große Angst."*

Die Polizei hat sie dann aufgegriffen und in einen großen Saal gebracht. *„Wir konnten nicht richtig laufen. Immer noch wankten wir wie betrunken hin und her von unserer langen Überfahrt. Der Saal war wie ein Gefängnis: ein einziger großer Raum, alles Abtrennungen, Stühle, die Damen-Toilette, eine Herrentoilette … Dort verbrachten wir vier Tage. Dann wurden wir von einem LKW abgeholt. Uns wurden die Handys abgenommen und die Augen verbunden. Immer noch geschwächt von unserer Überfahrt bestiegen wir mit* *drei anderen Familien den LKW. So fuhren wir ca. acht Stunden. Ein einziger Toilettengang war für uns alle für die Fahrt erlaubt. Ansonsten mussten wir unsere Notdurft in einen Pappbecher verrichten. Die Luft wurde auch immer dünner. Wir bestanden alle nur noch aus Angst. Diesmal waren unsere Schlepper Türken."*

Dann endlich Deutschland, endlich Kiel. Sie kamen in ein Durchgangsheim. Sie rief ihren Bruder an, der auch sofort kam. Er versuchte, seine Schwester und deren Kinder erst mal zu beruhigen, denn sie waren von der Flucht stark gezeichnet. Er bemühte sich darum, dass er sie bei sich aufnehmen kann.

Doch dann der nächste Schock: Es hieß, Shirin und die Kinder müssen nach Berlin, sonst verfallen die Kosten für den Aufenthalt und der Bruder müsse dann die Kosten privat übernehmen. Das konnte er nicht. Das LAGeSo verfügte, dass Shirin und die Kinder als Aufenthaltsort Berlin bekommen. *„Wir wurden mit Kosmetik- und Hygieneartikeln und Handtüchern versorgt. Es gab Proviant, eine Fahrkarte nach Berlin für uns und eine Adresse, wo wir uns melden sollten. Wir hatten einen einzigen Koffer für uns alle mit, sonst keine Kleidung. Wir zogen uns um und bestiegen den Zug nach Berlin. Wir sollten uns in der Köpenicker Allee in Karlshorst melden. Als wir in Berlin ankamen, war ich einfach überfordert. Ich habe mich gefragt: Wo sind wir hier? Ich kannte von zu Hause weder U- noch S-Bahn. Ich bin dann ohnmächtig geworden und umgekippt. Mein älterer Sohn hat sich dann um mich und seine Geschwister gekümmert. Irgendwann abends sind wir dann völlig erschöpft in Karlshorst angekommen und wurden versorgt. Wir wurden medizinisch untersucht und bekamen Impfungen gegen Masern und Tuberkulose."*

Madame Rim erklärt mir, dass es in Deutschland eine Regel gibt: Alle Ankömmlinge werden zunächst für sechs Monate mit Unterkunft und Verpflegung versorgt, bevor sie in ein Flüchtlingsheim kommen, in dem sie dann Sozialleistungen wie die Grundsicherung nach dem Asylbewerberleistungsgesetz erhalten können, um sich dann landestypisch selbst zu versorgen. *„Man stelle sich vor, wir müssten von heute und ab sofort täglich argentinisch essen, weil wir jetzt ein halbes Jahr in Argentinien sind und hätten kein Geld, uns was zu kaufen, was unserer Essenstradition entspricht … So ging es vielen Flüchtlingen. Hier wäre allen geholfen, wenn die Ankömmlinge sich mithilfe der Grundsicherung von Anfang an selbst versorgen dürften."*

Shirin und die Kinder hatten es geschafft: Sie waren in Deutschland und sie waren gesund, hatten ein Dach über dem Kopf und satt zu essen. Doch dann der nächste Schock: Auch Shirins Mann hatte sich nach Deutschland durchgekämpft. Da die Kinder den gleichen Namen hatten wie er, bekam er auch eine Zuweisung in die Köpenicker Allee nach Karlshorst. Wieder war Shirin den Gewaltandrohungen ihres Mannes ausgesetzt und hatte Angst um ihre Kinder. Das blieb auch dem Umfeld nicht verborgen. Sie hielt es nicht mehr aus. Mit ihren Kindern durfte sie verdeckt in eine andere Flüchtlingsunterkunft. Hier waren die Untergebrachten gemischt, Männer, Frauen, Kinder, alles vertreten. Die Toiletten hatten nur halbe Türen, die Duschen konnte man nicht verschließen. Es gab Zwischenfälle von Spannern, über sexuelle Nötigung bis zu Missbrauchsvorkommnissen. Zum Glück nicht bei Shirin und den Kindern, aber die Angst war immer dabei: ein eingebranntes Grundgefühl. Hier hielt sie es nur drei Monate aus.

Wieder wandte sich Shirin an das Landesamt für Gesundheit und Soziales (LAGeSo). Dort hatte man offensichtlich ihre vielfältigen Traumata erkannt und sie wurde wiederum verdeckt mit ihren Kindern in eine Dreiraumwohnung eingewiesen. Ihre ersten eigenen vier Wände in Deutschland.

Ihre Kinder kamen erst in eine Willkommensklasse, konnten aber schnell in Regelklassen übernommen werden. Den Kindern fiel die Umstellung offensichtlich leicht. Sie haben sich von Beginn an an Sportwettkämpfen beteiligt, haben Urkunden gewonnen und fühlen sich wohl. Sie haben feste Zukunftspläne. Der älteste Sohn möchte Friseur werden, die

Tochter macht gerade Abitur und studiert dann Medizin und ihr jüngster Sohn möchte auch das Abitur ablegen. Shirin selbst besucht die Volkshochschule, um Deutsch zu lernen.

Noch immer sieht man ihr die Strapazen der letzten drei Jahre an. Aber was hat diese Frau für einen Antrieb und eine Energie, das alles durchzustehen, was sie geschafft hat? So eine mutige Frau, die für ihre Kinder und für sich selbst durch die Hölle gegangen ist?! Ich frage sie, ob sie sich angekommen fühlt. Sie schaut mich mit müden Augen an und antwortet mit fester Stimme: *"Ja, ich bin angekommen."* Danach übersetzt Madame Rim weiter: *"Ich habe zwar noch nicht alles erreicht, was ich mir wünsche. Aber ich habe mit meinen Kindern eine bezahlbare Wohnung, meine Kinder sind glücklich und haben ihre Pläne. Die deutsche Sprache ist zwar sehr schwer, aber ich verstehe sie täglich besser. Ich möchte nicht mehr von hier weggehen. Und wenn Fußball im Fernsehen läuft, egal wo, ob in der alten Heimat oder hier in Deutschland, war ich immer für die deutsche Mannschaft,"* fügt sie verschmitzt hinzu.

Shirin möchte durch die Hilfe einer Therapeutin, die ihr Madame Rim vermittelt hat, ihre ständige Angst bearbeiten, die sie immer noch bis in ihre Träume verfolgt, sodass sie oft schweißgebadet aufwacht. Sie würde auch gern eine Arbeit aufnehmen, um soziale Kontakte zu pflegen und freut sich auf eine gewaltfreie Zukunft im Frieden.

Fiete

„Ick mach so, wie ick denk."
(Axel Matthies)

Fiete ist Jahrgang 1947, geboren in Friedrichstadt, nahe der Stadt Husum, der grauen Stadt am Meer. In der Schule lernte er die Verse Theodor Storms:

> *Am grauen Strand, am grauen Meer*
> *Und seit ab liegt die Stadt;*
> *Der Nebel drückt die Dächer schwer,*
> *Und durch die Stille braust das Meer*
> *Eintönig um die Stadt.*

Fiete liebt dieses Gedicht von Tetsche Wind, wie Storm von seinen Landsleuten genannt wird, und er fühlt sich ganz wie ein Norddeutscher. Dabei war sein Vater Maschinenbauschlosser aus Stettin, seine Mutter Hausdame beim Landrat aus Greifenhagen, heute polnisch Gryfino. Beide zogen nach dem Krieg in den Norden, obwohl sie von der Oder stammten. Wie Fiete sich erinnert, wollten sie

© Hans-Joachim Braun (Bruder von Fiete)

nicht bei den Russen bleiben. Die Eltern hatten schon zwei Söhne und eine Tochter, Fiete war das Nesthäkchen. Er interessiert sich für technische Dinge und wird zum Fernmeldemechaniker ausgebildet. Er geht zur Deutschen Bundespost und wird dort verbeamtet. Ein Job für alle Zeiten.

Er betreut dort das Telex- und Datennetz, da Husum zu den drei Katastrophenämtern gehörte, das in den Zeiten des Kalten Krieges wichtige Verbindungen sichert, die im sogenannten Ernstfall strategische Bedeutung besessen hätten. Fiete tut das bis zum Mauerfall. Danach stellte die Post den besonderen Dienst ein, es gibt keinen Bedarf mehr. Fiete aus dem Westen war plötzlich ohne Aufgabe. Er muss sich entscheiden: Am Schreibtisch bleiben im Norden oder neue Aufgaben im Osten bewältigen? Fiete entschied sich für das Neue. Neue Kabel verlegen, anschließen, vernetzen, betreuen. Endlich konnten alle telefonieren. Er tat das in Neubrandenburg, Cottbus und Potsdam.

Im Jahre 2004 kommt Fiete nach Berlin und hat seinen Arbeitsplatz in der Lichtenberger Dottistraße, wo die Telekom im Osten Berlins ihren technischen Sitz bezogen hatte. Er wohnt jedoch in Teltow und pendelt jeden Tag ein. Doch er freundet sich mit einer Arbeitskollegin an, die in Marzahn wohnt. Nach einiger Zeit zieht er zu ihr in die Genossenschaftswohnung in den Marzahner Norden.

Leider erkrankt seine Freundin an Krebs und stirbt. Fiete bleibt in Marzahn. Es gefällt ihm. Nur die ewigen Schmierereien an den Häuserwänden gehen ihm auf den Geist. Die Leute sind nett und keiner drängt sich auf. Er, der die Weite des Nordens gewöhnt war, genießt die Häufung von Angeboten auf engstem Raum. *„Alles ist da – du musst keine großen Fahrten machen."*

Neben seiner Arbeit, die ihm immer Spaß gemacht hat, sind Fietes Hobby die Flugzeuge. Er besitzt tausende Fotos auf seiner gut sortierten Festplatte. Jetzt muss er alles neu ordnen, weil die Homepages neuerdings mit Cookies ausgestattet sein müssen. Er hat kein eigenes Flugzeug, fliegt aber hin und wieder mit einem Fluglehrer. Einen eigenen Schein hat er nicht – dafür eine eigene Laube am Kleinen Müggelsee. Im Sommer immer raus mit seiner neuen Freundin, die jünger ist als er und ihn nach zwei Hüftoperationen physiotherapeutisch behandelt. Er fährt mit dem Rad dorthin, 20 Kilometer, um fit zu bleiben.

Abends beim Fernsehen trinkt er mal ein Bierchen, Flensburger oder Jever? Nee, Wernersgrüner oder Radeberger. Bei einem Urlaub im vogtländischen Rodewisch stand er während einer Wanderung plötzlich und unerwartet vor einem großen Industriegebäude – der Wernesgrüner Brauerei. Das hat Spuren hinterlassen und es schmeckt immer wieder.

Fiete hat mit den Ostdeutschen nie Probleme. Alles anständige, aufgeweckte Leute, sagt er. Hat oft mit Kollegen gegrillt und Bier getrunken. Seine Familie, wegen der Herkunft der Eltern, ist selbst weit im Osten verstreut. Die meisten haben Pommern als Herkunft, also Pommeranzen, sagt er schmunzelnd. Mit ihnen hat er sich auch manchen Scherz gemacht. Fiete erzählt schmunzelnd, wie er mal eine Frau in ihrem Laden im Spreewald besucht und sie in ein Gespräch vertieft hat. Als die Dame schließlich fragt, was er eigentlich wolle, offenbart er sich: *„Du bist meine Cousine!"* Da kann er sich diebisch freuen. Inzwischen hat er den Großteil seiner Verwandtschaft kennen gelernt. Sie sehen sich bei Familienfeiern immer mal wieder, erzählt Fiete.

Eigentlich ist er noch im Norden verheiratet, seit 1971. Seine Frau ist Friseurin. Sie wohnt oben in ihrem gemeinsamen Haus, er zahlt ihr außerdem eine monatliche Unterstützung. Beide haben einen Sohn. Die Ehe stand vielleicht von Anfang an unter einem ungünstigen Stern. Der beauftragte Fotograf für den schönsten Tag im Leben vergeigte alle Fotos. Fiete war Stürmer beim MTV Heide. Er denkt noch oft an die heimischen Rituale. Zum Beispiel an Biikebrenn, das ist die Verabschiedung der Walfänger, die von Frühjahr bis Herbst bei Grönland die großen Meeressäuger jagen. Er denkt an Grünkohl, Labskaus und die Nissenhütten, in denen die Flüchtlinge nach dem Zweiten Weltkrieg zuerst hausen mussten. Das ist lange her, aber diese Erinnerungen haben Fiete geprägt. Nun ist er hier. Und er wird bleiben. Es gefällt ihm zu gut. Dennoch nennt Fiete die Kartoffeln immer noch Nudeln. *„Ick mach so, wie ick denk."*

Wuhle

Das durch den Stadtteil fließende Wässerchen Wuhle ist eigentlich ein ehemaliger Klärwerksableiter.

Für die Reinigung der Abwässer der Großsiedlungen in Marzahn und Hohenschönhausen wurde das Klärwerk Falkenberg gebaut.

Weil die Klärleistung nicht mehr den Ansprüchen genügte, wurde es 2003 abgeschaltet.

Die Abwässer werden nun in Waßmannsdorf und Schönerlinde gereinigt. Das Wasser im Klärwerksableiter besteht heute nur aus Regenwasser.

Klärwerksableiter und die eigentliche Wuhle, die aus Ahrensfelde kommt, vereinigen sich kurz vor der Landsberger Allee.

Von dort fließt das Gewässer südlich nach Köpenick, immer begleitet vom Wuhlewanderweg.

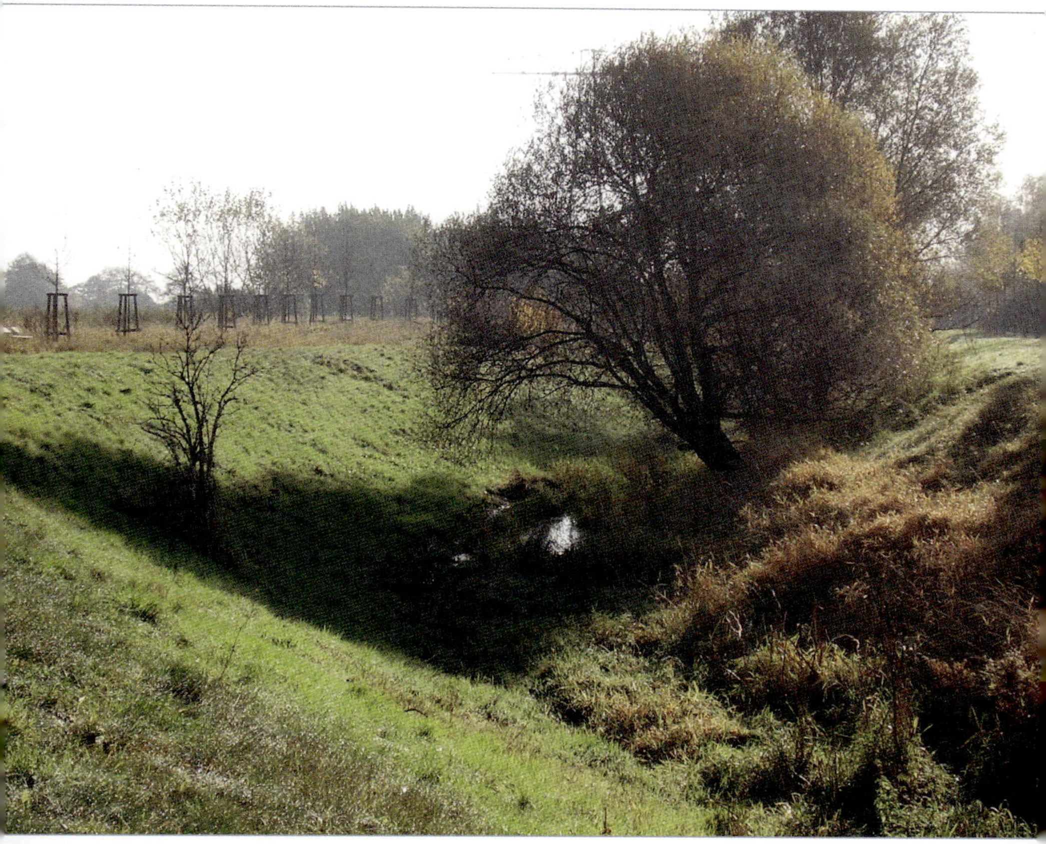

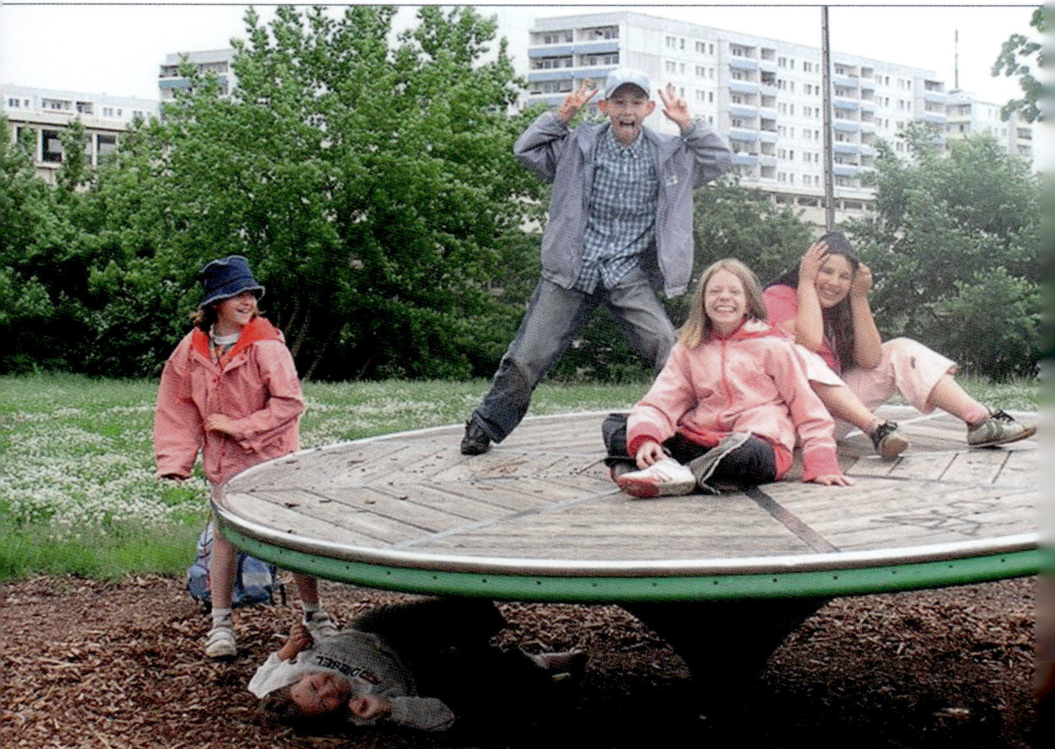

Antje

„Mutter von acht Kindern mit Vorbildwirkung."
(Marion Baumann)

Heute bin ich mit Antje (Name geändert) – 52 – verabredet. Wir kennen uns schon über 20 Jahre. Zur Jahrtausendwende waren wir Nachbarn und Nachbarinnen in der Marzahner Promenade. Ich habe sie immer um ihre schöne große Terrasse über der Gaststätte „Zum Stanglwirt" beneidet. Heute ist die Gaststätte unter vietnamesischer Führung und auch viele Nachbarn und Nachbarinnen in unserem ehemaligen Aufgang tragen vietnamesische Namen.

„Meine Mutter ist mit uns 1980 nach Marzahn gezogen. Wir hatten damals eine Zweiraumwohnung in Mitte. Wir waren echt froh, dass wir nun in einer schönen Vierraumwohnung leben konnten. Als ich volljährig war, wollte ich eigenen Wohnraum haben. Meine Mutter kam mir entgegen und tauschte ihre Vierraumwohnung in eine Zwei- und Einraumwohnung im Friedrichshain. Das kam mir sehr gelegen. Ich war schwanger, hatte mich vom werdenden Vater meines ungeborenen Kindes getrennt und zog in die Einraumwohnung. Das war 1987. Ich lernte meinen jetzigen Mann kennen und wir gründeten eine Familie. Wir sind stolze Eltern von vier Jungs und vier Mädchen. Dadurch mussten wir uns immer mal im Wohnraum vergrößern. 1996 zogen wir in ein Hochhaus in der Marzahner Promenade, dann ein Jahr später in eine Fünfraumwohnung im Siebengeschosser mit dieser

schönen großen Dachterrasse. 2009 in die Wörlitzer Straße. Hier hatte man uns die Zusammenlegung einer Fünfraum- mit einer Dreiraumwohnung angeboten. Das war für unsere Familie eine große Erleichterung. Jeder hatte seine Rückzugsmöglichkeit. Für gemeinsame Aktivitäten in der Wohnung hatten wir unser großes Wohnzimmer. Natürlich wäre mir ein schönes großes Haus auf dem Land lieber gewesen, aber dann sind da wieder die Probleme der Infrastruktur und der Wege in die Schule, in die Kita, zu Hobbys für die Kinder, einkaufen, arbeiten. Wir sind leider nicht motorisiert und ich wusste so schon manchmal nicht, wie ich die vielen Wege zeitlich schaffen soll. Also waren wir glücklich und zufrieden, mit dem, was wir hatten. Mein Mann hat mich in allem unterstützt, sodass wir es gemeinsam immer geschafft haben, unsere Probleme in der Erziehung unserer Kinder zu lösen. Ich bin durch und durch Familienmensch."

Dann erzählt mir Antje, dass sich der Gesundheitszustand ihres Mannes verschlechtert hat und er kaum noch die Wohnung verlässt, weil es ihm zu anstrengend ist. Somit liegen alle Außenaktivitäten bei ihr. Sie möchte ihn gern in gemeinsame Unternehmungen einbinden und macht gerade ihren Führerschein.

„Du kannst dir nicht vorstellen, wie ich mich anstelle. Aber ich möchte es unbedingt schaffen. Es macht schon einen Unterschied, ob man als junger Mensch den Führerschein macht oder so wie ich mit über 50. Aber ich bin nicht die einzige über 50. Viele Menschen wollen aktuell zu Corona-Zeiten nicht mehr in überfüllte Verkehrsmittel steigen und machen jetzt im Alter noch ihren Führerschein. Hier in Marzahn Nord habe ich manchmal den Eindruck, dass sich manche Frauen über das Kinderkriegen definieren, um zu Hause bleiben zu können. Die Kinder schreien dann durch die Innenhöfe was sie wollen, jeder kriegt das mit, aber keiner antwortet ihnen. Oder sie streunen weit nach 20 Uhr noch auf den Spielplätzen herum, obwohl sie noch im Vorschul- bzw. Grundschulalter sind. Echt schlimm diese Entwicklung."

Ansonsten findet sie es schön, dass Marzahn viele Grünflächen aufzuweisen hat und durch die Gärten der Welt um eine Attraktion reicher geworden ist, zumal die Gärten auch ein Anziehungsmagnet für viele Touristen und Touristinnen, auch aus dem Ausland, sind.

„Wir haben zwar eine gute Infrastruktur, die man mit den öffentlichen Verkehrsmitteln gut erreichen kann, aber zu Fuß ist das in meinem Umkreis schon schwierig. Ich würde mir mehr Straßencafe´s wünschen. Dafür gibt es hier viele Spielplätze. Dann sind die Mieten hier erschwinglich, obwohl ich befürchte, dass ich ausziehen muss, wenn das schlimmste bei meinem Mann eintrifft und ein weiteres Kind auszieht, weil es selbstständig geworden ist, obwohl ich ja noch unser kleines Pflegekind habe. In der Marzahner Promenade habe ich meinen Freundeskreis, hier hinten nicht. Aber durch Corona habe ich hier auch schöne Ecken kennengelernt. War mit den Kindern auf dem Ahrensfelder Berg, wir haben Steine gesammelt und zu Hause bemalt und daraus eine Steinkette gelegt."

Antje hat auch den Eindruck, dass besonders viele Aussiedler und Aussiedlerinnen hier zugezogen sind. Das stört sie nicht, obwohl viele in ihrer Welt und ihrer Kultur leben. *„Sie sind einfach unter sich."*

„Als hier im Haus dieser Doppelmord passiert ist, als Frau und Tochter einer Flüchtlingsfamilie sterben mussten, war ich sehr geschockt. Wir kannten die Opfer gut. Noch mehr entsetzt hat mich, dass meine Familie mit dem Mörder, der selbst Familienvater von drei Kindern ist, im gleichen Aufgang gelebt hat. Der Name der Opfer steht immer noch am Klingelschild, aber der Hinterbliebene ist inzwischen ausgezogen. Offensichtlich lebt sein Bruder jetzt in der Wohnung."

Antje arbeitet in der Bibliothek einer Grundschule. Das findet sie praktisch. Kann sie sich doch in jede Altersklasse versetzen. Die Bibliothek hat ca. 3000 Bücher. *„Aber ich muss dir sagen, alles alte Bücher. Da habe ich als Kind schon drin gelesen. Nichts Neues, nichts Modernes. Ich habe versucht, im Kulturgut Marzahn Bücher für uns zu holen. Habe auch versucht, Vorschläge für die Bucherweiterung in der Bibliothek zu machen. Wird immer für gut befunden, aber ansonsten kommt von der Gegenseite nichts. Aber ich mache* *den Job gern. Habe dadurch viele Kontakte zu Kindern, was ich ja auch immer wollte. Muss nur sehen, dass ich das mit meiner Familie vereinbaren kann, denn ich habe ja auch noch unser Pflegekind, das sehr betreuungsintensiv ist. Die Hinweise aus der Kita werden immer lauter. Er ist trotz unserer umfassenden Betreuung immer noch entwicklungsverzögert und leider auch aggressiv. Obwohl er noch ein Kleinkind ist, steht er manchmal mit der geballten Faust vor mir und schreit und schreit. Er hat jede erdenkliche Fürsorge von uns, meine Mädchen verwöhnen ihn, aber er kann nicht anders."*

Antje mag es, wenn an der Schule Märchentage durchgeführt werden und sie ihren Anteil dazu leisten kann. Aber auch hier merkt sie, dass die Kinder sich kaum auf ruhige Vorlesesituationen einstellen können.

„Du kannst dir nicht vorstellen, wie Kinder in der Grundschule schon drauf sind. Also ich möchte heute kein Lehrer oder Erzieher mehr sein, obwohl ich mir immer gewünscht habe, mit Kindern zu arbeiten. Trotzdem denke ich, dass ich angekommen bin. Ich habe eine tolle Familie, ich werde gebraucht, ich kann meinen Arbeitsplatz kreativ gestalten und habe ein bezahlbares Zuhause und hoffentlich bald meinen Führerschein."

Alimatou

„Ich vermisse meine Heimat, obwohl ich mich hier wohlfühle"
(Marion Baumann)

Beim interkulturellen Fest treffe ich auf Alimatou. Sie ist mit ihren zwei Kindern gekommen. Ihre Kinder sind in Deutschland geboren. Sie selbst kommt aus Burkina-Faso, ein Staat in Westafrika. Übersetzt heißt Burkina-Faso: Land der aufrichtigen Menschen. Wir verabreden uns, damit sie mir ihre Geschichte erzählen kann....

Ihre Eltern sind 2002 von Burkina-Faso nach Italien, Leco, gezogen, um für die Familie Geld zu verdienen. Alimatou wollte bei der Oma bleiben und offensichtlich wollte die Oma nicht allein zurückgelassen werden. Sie war schon recht betagt und Alimatou 13 Jahre alt. In Italien hat Alimatous Mutter noch vier weitere Mädchen geboren. Als die Oma gestorben war, haben die Eltern auch Alimatou nach Italien geholt. Nun war die Familie vereint.

Alimatou lernte dann einen Freund aus Kamerun kennen, der schon in Deutschland sesshaft war. Sie zog zu ihm und lernte die deutsche Sprache so gut es ging. *„Seit 2006 war ich nicht mehr in meiner Heimat. Ich vermisse sie. Aber hier geht es mir auch gut. Ich fühle mich wohl hier, habe meine Kinder und den Papa meiner Kinder, der auch aus meiner Heimat kommt."*

Alimatou erzählt, dass sie von Spandau 2015 in das Flüchtlingsheim in der Raoul-Wallenberg-Straße gezogen ist. Nach einem Jahr bekam sie dann ihre eigene Wohnung im Geraer Ring. Viele Anträge mussten gestellt werden, Anmeldungen erfolgen. Bei allem hat ihr Rim Farha – bei ihren Schützlingen als Madame Rim bekannt – sehr geholfen. *„Ich wälze immer noch jeden Tag Papiere zu Hause."*

Über das Jobcenter bekommt sie eine Arbeit als Küchenhelferin an einer Grundschule und muss auch mal an anderen Grundschulen zum Mittagstisch aushelfen. *„Die Arbeit macht mir viel Spaß, ich habe mit Kindern zu tun und ich liebe Kinder. Außerdem bin ich gezwungen, deutsch zu sprechen, sonst versteht mich keiner. Das finde ich gut, wobei ich merke, dass Deutsch eine sehr komplizierte Sprache ist. Ich gehe gern auf andere Menschen zu. Ich beobachte natürlich, dass Ausländer distanziert gesehen werden, aber ich habe bisher nur gute Erfahrungen gemacht. Die Leute hier sind nett. Mein Wohnumfeld ist schön ruhig, obwohl hier viele Kinder leben. Es ist alles schön grün und mein Sohn spielt gern mit den Nachbarskindern."*

Ihr Sohn hat gerade die 1. Klasse durchlaufen und sie macht sich Sorgen wegen seiner Lesefertigkeiten. *„Wissen Sie vielleicht, wo er Hausaufgabenhilfe bekommen könnte?"* Ich verspreche ihr, mich zu erkundigen, wie es nach Corona und mit Schulbeginn wieder losgeht.

Von Spandau war sie wenig begeistert. Hier hat sie eine gute Infrastruktur. Zur Zeit ist sie im Mütterjahr, denn ihre Tochter liegt noch im Kinderwagen. *„Sie ist sehr pflegeleicht und schläft viel."* Und sie sieht umwerfend aus, zum Verlieben.

Alimatou hätte gerne viele Kinder, aber sie will natürlich auch eine wirtschaftliche Basis für die Kinder. Eine ihrer Schwestern lebt auch in Berlin. Sie hat mit ihrer Familie eine Wohnung in Schöneweide. Sie besuchen sich regelmäßig.

Alimatou konnte mit mir sprechen, ohne dass sie einen Dolmetscher oder oder eine Dolmetscherin gebraucht hat. Ich frage sie, ob sie angekommen ist hier im Stadtteil und in ihrem Leben. Sie zögert ein wenig, dann antwortet sie:

„*Ich finde es hier sehr schön, besonders für meine Kinder. Aber es kann sein, dass ich, wenn die Kinder erwachsen sind, zurückkehre nach Burkina-Faso und die Kinder können dann entscheiden, ob sie weiter in Deutschland bleiben wollen oder mit mir mitgehen.*"

Barnimplatz

Bei seiner Fertigstellung im Jahre 1995 sollte der Barnimplatz als Stadtplatz für städtische, weltoffene Menschen fungieren.

Er schaffte es aber nur, als „Steinwüste" tituliert zu werden. Als Wochenmarkt und bei größeren Veranstaltungen wird er seiner Funktion gerecht.

Es gibt nun Pläne, auf dem Platz ein Gebäude zu errichten, in dem u.a. die Heinrich-von-Kleist-Bibliothek und das Soziale Stadtteilzentrum geeignete neue Räume bekommen und dem Platz zu städtischem Leben verhelfen sollen.

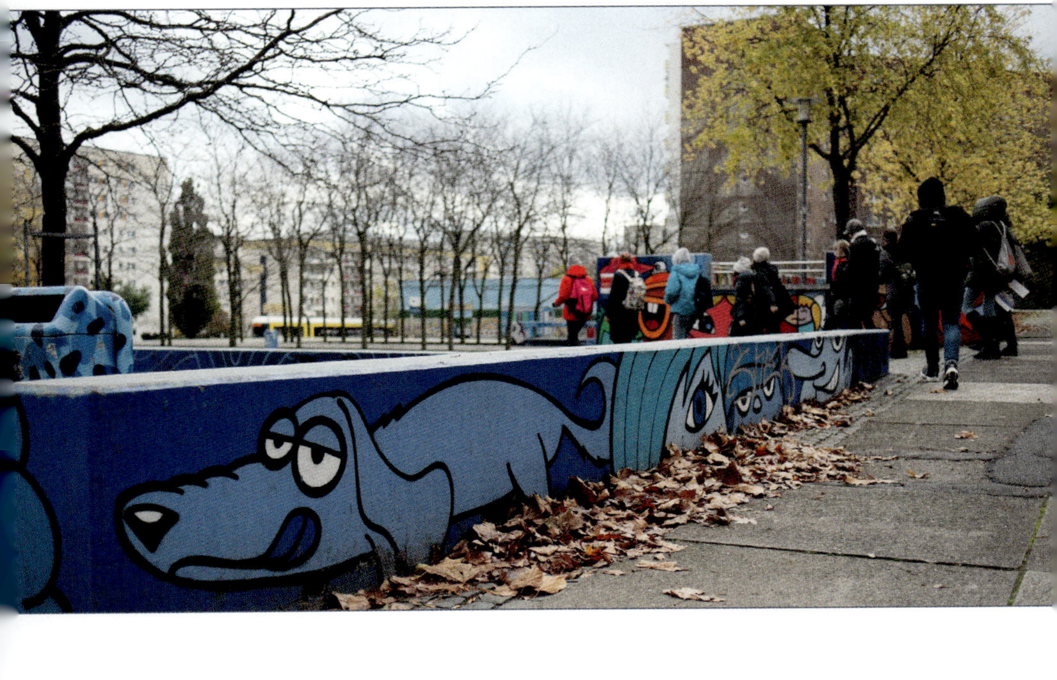

Susanne

„Von der Ostseeküste nach Berlin-Marzahn."
(Marion Baumann)

Als Susanne geboren wurde, bestand ihr zuhause aus ein-einhalb Zimmern und ihre Familie aus vier Personen. 1984, im Alter von vier Jahren, zogen ihre Eltern mit ihr und dem Bruder von der Insel Usedom nach Berlin-Marzahn. Sie wurden glückliche Besitzer einer Neubauwohnung in der Wittenberger Straße. *„Ich kann mich noch heute an meine wunderschöne Märchentapete erinnern, die in meinem eigenen Zimmer war. Ich konnte mich auch gut in meiner Kita einleben. Als meine Einschulung anstand, wurde die Marcana-Schule frisch eröffnet, wie sie später genannt wurde. Es war alles so neu und ich fühlte mich sehr wohl."*

Nach der Schulzeit begann Susanne eine Ausbildung als Konditoreifachverkäuferin. *„An unserer Berufsfachschule gab es das Angebot, für ein Jahr im europäischen Ausland Erfahrungen zu sammeln. So hatte ich das Glück, in einer Konditorei in Italien zu arbeiten. Das gefiel mir so gut, dass ich ein weiteres Jahr verlängerte. Dann zog es mich wieder nach Hause – zu meinen Eltern. In Berlin konnte ich dann mit meinem Partner unsere erste gemeinsame Wohnung in Hellersdorf beziehen."*

Beide merken, dass sie offensichtlich nicht füreinander bestimmt waren und Susanne zog zurück nach Marzahn. Auch hier hatte sie wieder Glück und konnte über die Berlin-Brandenburgische Genossenschaft mit einer tollen Wohnung versorgt werden.

„Ich hatte so eine schöne Kindheit und ich lebe, um weiterzukommen. Ich habe mich weitergebildet als Versicherungsfachfrau, habe in der Steuerberatung gearbeitet und bin jetzt aktuell für den Verein der Straffälligen- und Wohnungslosenhilfe tätig. Ich fühle mich sehr, sehr glücklich. Ich kann mich für Leute engagieren und auch mit ihnen zusammenarbeiten, weil sie mir wichtig sind. Wir haben hier in Marzahn Nord eine gute Kiezkultur, viel Grün und die Möglichkeit eines ruhigen entspannten Lebens. Eine Krise in meinem Leben hat mich so viele tolle Menschen kennenlernen lassen."

Als Susanne 34 Jahre alt war, erkrankte sie und war für ein Jahr zu Hause. Eines Tages entdeckte sie in ihrem Briefkasten einen Brief vom Quartiersbeirat ihres Wohnviertels. Hier wurden Mitstreiter und Mitstreiterinnen gesucht, um mit Bürgern und Bürgerinnen für Bürger und Bürgerinnen den Stadtteil attraktiv zu gestalten und Menschen zusammenzubringen, sowie Vereinsamung vorzubeugen.

Susanne bewarb sich. *„Ich kam mit so vielen tollen Menschen in Kontakt, die alle was für unseren Stadtteil bewegen wollten."* Susanne war voll in ihrem Element. Immer mehr Menschen gingen mit ihren Problemen auch auf sie zu.

Das führte dazu, dass sie mit ihren Mitstreiter und Mitstreiterinnen letztendlich die Bürgerinitiative „Wir im Kiez" aus der Taufe hoben, deren Sprecherin sie mit einem Mitstreiter ist. *„Hier wurden natürlich auch Probleme angesprochen, die wir nicht allein lösen konnten. Deshalb haben wir dann unseren Bürgerstammtisch initiiert. Dazu haben wir die verantwortlichen Politiker eingeladen, damit sie Rede und Antwort stehen konnten bei der Beantwortung von Bürgeranliegen. Damit haben wir bisher gute Erfahrungen machen können. Einmal haben wir mit noch drei weiteren Bürgerinitiativen unseres Stadtteils und einer weiteren aus dem angrenzenden Ahrensfelde eine große Bürgerversammlung zum Thema Ortsumfahrung*

Ahrensfelde durchgeführt – und das unter Corona-Bedingungen. Es kamen so viele interessierte Bürger, dass wir auch einige außerhalb des großen Versammlungsraumes platzieren und mit unserer Technik nach außen beschallen mussten. Dieses Anliegen ist noch im Prozess und wir bleiben dran, bis wir gemeinsam eine Lösung erstritten haben. Eine weitere geplante Bürgerversammlung musste dann wegen des Lockdowns abgesagt werden. Da sollte es um schnelle Hilfen für Obdachlose gehen, denn da hatten wir gerade aktuell die Nacht der Obdachlosen hinter uns, in der Berlinweit zur Erfassung aller Obdachlosen die Zählung erfolgte." Seit ca. zwei Jahren ist Susanne auch auf der politischen Bühne aktiv.

Besonders ärgerlich ist Susanne, wenn Marzahn in ein schlechtes Licht gerückt wird. *„Eine Cindy kommt nicht aus Marzahn, hier laufen die Frauen auch nicht mit rosa Jogginganzügen herum, tragen Krönchen und träumen von einem Leben als Prinzessin. Hier gibt es sanierte Wohnungen, die bezahlbar sind, viele Kinder- und Jugendfreizeiteinrichtungen und auch Begegnungsmöglichkeiten für Senioren, zum Beispiel in unseren beiden Stadtteilzentren und deshalb zieht es auch viele Familien aus anderen Bezirken Berlins hierher."*

Susanne hinterfragt auch alles, äußert Bedenken, wenn sie nicht überzeugt ist. Für die Belange von Bürgern und Bürgerinnen setzt sie sich solange ein, bis sie gelöst werden können. Hierzu nutzt sie ihr inzwischen über die Jahre aufgebautes Netzwerk. Sie ist auch durchaus bereit in die Konfrontation zu gehen und sich dadurch bei ihren Gegnern und Gegnerinnen unbeliebt zu machen. Nur, wenn sie überzeugt ist, lenkt sie wieder ein. *„Wenn ich nur Schaum schlage, mach ich mich unglaubwürdig. Eine gesunde Streitkultur gehört nun mal dazu, wenn man unterschiedlicher Meinung ist. Ich war mal mit einer Mitstreiterin zu einem Erfahrungsaustausch über die Arbeitsweise von Quartiersmanagement in Prag. Na die haben uns ja komisch angeguckt, als wir denen erzählt haben, dass wir ausschließlich ehrenamtlich arbeiten. Ich muss ehrlich sagen: Ich bin so was von zufrieden, was ich habe und was ich bin. Ich habe einen guten Job, bin ein total offener Mensch, habe meine Eltern hier im Stadtteil und würde immer wieder hier her kommen. Ich fühle mich rundum angekommen in meinem Marzahn."*

Heinrich-von-Kleist-Bibliothek

Die Heinrich-von-Kleist-Bibliothek gegenüber dem Barnimplatz, 1994 eröffnet, hat bereits eine bewegte Geschichte hinter sich. Im Zusammenhang mit dem Berliner Bankenskandal Anfang der 2000er Jahre war für das Land Berlin eine „extreme Haushaltsnotlage" entstanden.

Die damalige Kulturstadträtin war daher bestrebt, die Bibliothek zu schließen auch mit dem Argument, die Nutzerzahlen seien zu niedrig. Dagegen erhob sich erheblicher Bürger- und Bürgerinnenprotest.

Die Bibliothek, da kein Personal mehr zur Verfügung stand, wurde ehrenamtlich weiter betrieben mit wenig Öffnungszeit in der Woche. Lesungen von und mit Bürgerinnen mit Bürgern fanden statt. Am Ende wurde die Bibliothek wieder als vollwertige Einrichtung hergestellt.

Ein hoch engagiertes Team unter der Leitung von Marina Georgi hat die „Kleist" zu einem geistigen Mittelpunkt entwickelt, in dem Lesungen und Veranstaltungen stattfinden. Schüler und Schülerinnen finden Unterstützung beim Lernen, Kita-Kinder erfahren die Bedeutung von Medien. Und die Bewohner schätzen ihre Bibliothek mehr denn je.

BIBLIOTHEK
Heinrich von Kleist

17B
Havemannstraße

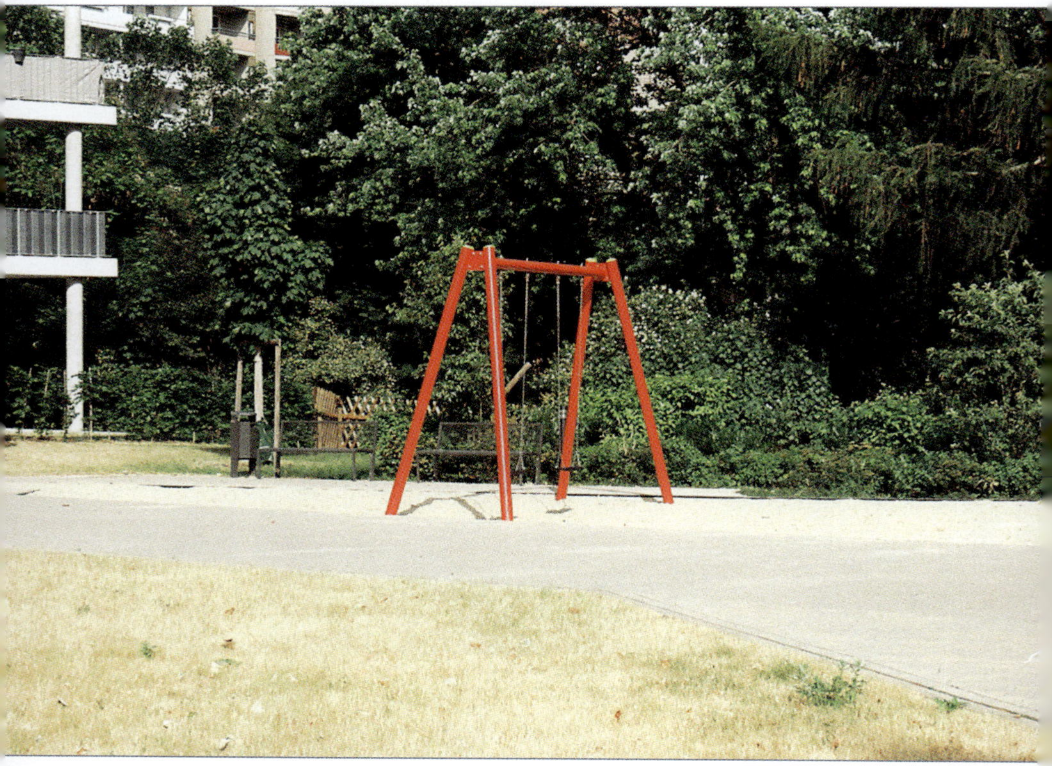

Wolfgang

„Meine ersten großen Ferien."
(Eigenbeitrag)

Als meine ersten großen Ferien begannen, sagte meine Mutter zu mir: *"Wir fahren ein paar Tage zu unseren Verwandten in unsere Hauptstadt nach Berlin. Da lernst Du Onkel und Tante und außerdem eine riesengroße Stadt kennen. Berlin ist etwas ganz anderes als unser Kuhdorf hier, du wirst staunen und nicht wieder nach Hause wollen."*

Wir lebten damals in einem kleinen Dorf in Südthüringen an der bayerischen Grenze, in das es meine Eltern nach der Vertreibung aus Schlesien verschlagen hatte. Ich war aber erst hier in diesem kleinen Dorf geboren, in einem schönen Schloss im schottischen Landhausstil mit einem großen Park drum herum.

Erwartungsvoll trat ich mit meiner Mutter die weite Reise an – von der bayerischen Grenze bis in die große Stadt zu unseren Verwandten. Als unser Zug vor den Toren der Stadt in Schönefeld ankam, wurden alle Fahrgäste von strengen Polizisten gründlich kontrolliert. *"Wir brauchen keine Angst zu haben"*, beruhigte mich die Mutter flüsternd, *"denn bei uns ist alles in Ordnung."* Jedoch bei einem älteren Herrn, der auch gründlich kontrolliert wurde, schien nicht alles in Ordnung zu sein. Die Respekt und Angst einflößenden, strengen Kontrolleure nahmen ihn mit und verschwanden mit ihm in einer Baracke.

Endlich setzte sich der Zug wieder in Bewegung. Im Abteil machte sich eine erwartungsvolle Stimmung breit und eine aufgeregte Betriebsamkeit erfasste die mitreisenden Frauen. Alle machten sich an ihrem Gepäck zu schaffen. Manche zogen sich sogar um, eine begann sich zu schminken. Die Dame mir gegenüber zog ihre alten Schlappen aus und schlüpfte in so komische aber ganz tolle rote Dinger mit langen dünnen Absätzen. Viel später erfuhr ich enttäuscht, dass solch schöne Schuhe leider nur Damen tragen dürfen!

Wegen der vielen Menschen, die am Zielbahnhof ausstiegen, war meine Mutter ständig auf der Hut, mich ja nicht im Gedränge zu verlieren. Berlin war toll. Hier konnten die schönen bunten Bahnen auch ohne dampfende Lokomotiven fahren. Sogar die Türen gingen von alleine zu, toll! Die Menschen in der Stadt waren trotz der schrecklichen Kriegserlebnisse sehr freundlich und was mir am besten gefiel: Sie sprachen eine flotte Mundart, nicht so ein behäbiges Fränkisch wie in meinem kleinen Dorf.

Ich verliebte mich sofort in die ganze Stadt. Ich wollte gar nicht wieder nach Hause in unser langweiliges Dorf zurück fahren, in dem überhaupt nichts los war, außer am Dienstag, da kam das Wanderkino in den Ort.

Erst nach über dreißig Jahren erfüllte sich mein Lebenstraum. Es ging mit Sack und Pack, mit Kind und Kegel auf nach Berlin. Natürlich war meine damalige, angeblich bessere Hälfte, auch mit dabei. Ihretwegen gelang es überhaupt, in Berlin Fuß zu fassen, denn sie war ausgebildete Krippenleiterin und solche Arbeitskräfte wurden gesucht. Und wo brachte man damals Mitte der achtziger Jahre Neuberliner unter? Natürlich weit draußen am Stadtrand in Marzahn. Trotz aller staatlichen Fürsorge erwartete uns eine ungewisse Zukunft. Aber in der kleinen Stadt, in der wir lebten und arbeiteten, dort hinter den Bergen des Thüringer Waldes, wollten wir nicht länger bleiben. Außerdem hatte ich die Absicht, mich beruflich weiterzubilden, etwas Neues zu lernen, mich zu qualifizieren. Auf den Besuch der vielen Freizeitangebote der Stadt freuten wir uns natürlich ebenfalls.

So kam es, dass ich nach einer erfolgreichen Weiterbildung an neuer Technik an der Herstellung der verschiedensten Drucksachen in der Gewerkschaftsdruckerei „Tribüne" am Treptower Park mitarbeitete.

Schnell hatten wir uns in unserer neuen tollen Wohnung und in Marzahn-Nord eingelebt. Die Kinder lernten neue Freunde, und wir beide einen neuen Freundeskreis kennen. Die Wochenenden nutzen wir auch, um mit den Söhnen die Umgebung mit den Rädern zu erkunden oder in der Innenstadt die verschiedensten kulturellen Angebote und Märkte zu besuchen.

Ich fühlte mich von Anfang an sehr wohl hier im Norden von Marzahn. Ich war hier gut angekommen. Damals wurde hier noch kräftig gebaut. Ringsum standen manchmal über zwanzig Baukräne, um in dem Stadtviertel noch vielen Menschen ein neues Zuhause geben zu können.

Ich hatte das Glück noch lange nach der Wende in meinem Betrieb arbeiten zu können. Aber kurz vor der Jahrtausendwende kam auch für meinen Betrieb und für mich das Aus. Ich wurde in einem Alter arbeitslos, in dem es sehr schwer war, wieder eine Anstellung auf dem ersten Arbeitsmarkt zu finden. Unterdessen trat auch familiär eine einschneidende Veränderung ein. Es war leider nicht zu vermeiden, dass sich meine Frau von mir trennte oder ich von ihr, das ist nach den vielen verstrichenen Jahren nicht mehr eindeutig festzustellen. Jedenfalls war die Trennung für uns beide das Beste, aber nicht für unsere fast erwachsenen Kinder. Jeder ging nun seine eigenen Wege, wobei man sich aus den Augen verlor. In dieser Situation lernte ich das alte Nachbarschaftshaus „Kiek in" am Bahnhof Ahrensfelde kennen.

Nach der Umgestaltung zum Stadtteilzentrum arbeitete ich weiter in der Öffentlichkeitsarbeit. Ich war unter anderem technischer Mitarbeiter bei der Herstellung der Stadtteilzeitung „NordWest" und der in russischer Sprache erschienenen Ausgabe „Nachbarn".

Außerdem arbeitete ich auch in der Öffentlichkeitsarbeit im Projekt „Gemeinsam STATT EINSAM" und „Kaffee mal anders" mit. Diese Veranstaltungen sprachen besonders ältere Bürger und Bürgerinnen an. In gemütlicher Runde konnten sowohl nützliche Vorträge zur Bewältigung des Alltagslebens als auch geselliges Beisammensein angeboten werden. In Lesungen stellte ich meine neu erschienenen Bücher vor, indem ich kleine Geschichten zur Unterhaltung der Anwesenden vortrug. „Kiek in" war für mich eine vortreffliche Anlaufstelle, weil ich neben meiner Arbeit dort auch meine Freizeit in angenehmer Atmosphäre verbringen konnte.

Auch als Ruheständler war ich noch viele Jahre im Nachbarschaftshaus tätig, bis ich wegen gesundheitlicher Einschränkungen meine offizielle Tätigkeit, nach 24 Jahren, aufgeben musste.

Ich hoffe sehr, dass ich nach den verordneten Vorsichtsmaßnahmen wegen der Pandemie das Stadtteilzentrum wieder zur Pflege alter sozialer Kontakte nutzen kann.

Die Eltern O. und N. mit den Kindern M. und A.
„Was Krieg aus Familien macht ..."
(Marion Baumann)

O., gestandener Familienvater aus Damaskus will nur noch eins: Raus aus dem Kriegsland, Sicherheit für seine Familie und Zukunft für seine Kinder. Doch seiner Mutter geht es schlecht. Sie hat Lungenkrebs und er möchte sie in diesem Zustand nicht allein lassen. Doch nach ihrem Tod steht für ihn fest, es gibt keine andere Wahl. Er wird Syrien verlassen. *„Ich wollte diesen Krieg nicht unterstützen und habe viel Geld ausgegeben, damit ich nicht in Assads Armee gehen musste."*

Seine Frau ist Syrerin, er staatenloser Palästinenser. *„Uns ging es richtig gut. Wir hatten ALLES. Wir haben mit 27 Jahren geheiratet, hatten eine eigene Wohnung, ein Auto. Ich habe nach dem Studium überdurchschnittlich gut als Chemiker verdient, wir haben unsere gesunden Kinder. Aber was sollte aus ihnen werden? Für mich stand fest, ich muss versuchen, mich nach Deutschland durchzuschlagen."* Er weiß, dass es sehr teuer und auch gefährlich wird, aber das war sein Plan. Frau und Kinder will er dann nachholen.

2014 bezahlt er ca. 10.000 Euro an die Schlepper und flüchtet zunächst von Damaskus in die Türkei, dann eine tagelange Überfahrt mit einem

Schiff nach Italien, von dort aus nach Frankreich, ehe er in Deutschland ankommt. *"Warum Deutschland?"*, frage ich, *"War das Ihre erste Wahl?"*

"Sicherlich war Deutschland meine erste Wahl, da ich mir sicher war, dass ich dort eine bessere Zukunft für mich und meine Familie erreichen kann. Als Chemiker besteht die Möglichkeit, eine gute Arbeitsstelle zu finden, natürlich wenn man die Sprache beherrscht. Schon am Anfang merkt man die Demokratie und die Meinungsfreiheit und man kann sie tatsächlich erleben. Ich sag einfach: Ich fühle mich hier als Mensch und ich habe sogar mehr Rechte hier in Deutschland, als ich als Palästinenser Flüchtling in Syrien gehabt habe. Ja, dann hat Deutschland in den arabischen Ländern einen sehr guten Ruf. Deutschland ist sicher, Deutschland hat eine gute Industrie, made in Germany spricht für Qualität."

Beim Aufzählen seiner Fluchtstationen gibt es Pausen im Redefluss, sodass ich instinktiv beschlossen habe, mit meinen Fragen nicht in die Tiefe zu gehen. Was dann folgt ist eh eine wahre Odyssee.

O. landet erst in Dortmund, dann in einem kleinen Ort bei Würzburg. Dort lebt er neun Monate und stellt seinen Asylantrag. Nächste Stationen sind Salzgitter in Niedersachsen und Braunschweig. Er möchte sich so schnell wie möglich integrieren und belegt zunächst einen Integrationskurs und bewirbt sich dann für ein Studium für Chemie an der Universität in Braunschweig.

Nach drei Semestern hat er alle bürokratischen Hürden genommen, um seine Frau und die Kinder offiziell über eine Familienzusammenführung nach Deutschland zu holen. Da waren seit seinem Fortgang aus Syrien zwei Jahre vergangen. Sein Sohn, inzwischen vier Jahre alt, hat ihn nicht wiedererkannt. Seine sieben Jahre ältere Tochter hatte auch nur noch vage Erinnerungen an ihn. Das schmerzte.

"Ich habe mein Studium unterbrochen. Es war so viel zu regeln, wollte für die Familie da sein, die ich so sehr vermisst hatte." Sie suchen eine neue

Wohnung in Salzgitter zuvor arbeitete er sieben Monate in Wolfenbüttel. Sein Resümee: *„Da kann man als Ausländer nicht gut leben. Da wohnen Leute, die uns als Ausländer nicht gut akzeptieren. Das sagt zwar keiner, aber ich habe es zu spüren bekommen, durch Blicke, durch Verhaltensweisen uns gegenüber."*

O. bekommt einen Hinweis von einem Freund, sich doch in Berlin zu bewerben. Doch wie sollte das gehen. Er lebt mit der Familie in Salzgitter. Wie sollten sie so schnell an eine Wohnung in Berlin kommen, zumal unsicher war, ob er die Probezeit bestehen würde, falls es mit einem Job klappen sollte. Er schreibt viele Bewerbungen bis er einen Arbeitsvertrag über eine Leiharbeitsfirma bekommt. Nun ist klar, er muss wieder vorgehen und die Familie hinter sich lassen. Mit einem Rucksack zieht er los nach Berlin und landet in einem Hostel für 20 Euro die Nacht, später kann er mit einem Hotel verhandeln und wohnt dort für 400 Euro im Monat. Parallel sucht er unentwegt nach einer Wohnung für sich und seine Familie. Dann hat er Glück. Er bekommt über eine private Firma eine Wohnung in der Märkischen Allee für 850 Euro. Ihm ist klar, dass die Märkische Allee in Marzahn ist, einem Teil der ehemaligen DDR. So kann er nach weiteren zwei Jahren Trennung seine Familie nach Berlin holen.

Inzwischen ist sein Arbeitsvertrag bei Bayer ausgelaufen und er kann bei Pencef Next Pharma in Reinickendorf eine Arbeit aufnehmen. Nun meistern sie als Familie ihren Alltag gemeinsam. O.s Frau N. kümmert sich um die Kinder und O. verdient das Geld für den Unterhalt. Er hat jeweils einen langen Anfahrtsweg zur Arbeit und auch wieder nach Hause, sodass wenig Spielraum für die Familie bleibt.

N. will unbedingt die deutsche Sprache können. Sie muss auch die administrativen Aufgaben der Umschulung für die Kinder meistern. Tochter M. ist am Barnim-Gymnasium angemeldet, Sohn A. an der Paavo-Nurmi-Grundschule. Beide Kinder brauchen viel Zuwendung und N. macht alles, was geht. *„Unser Sohn hatte große Schwierigkeiten in der Schule. Er fühlte sich oft missverstanden und ungerecht behandelt. Ich bin froh, dass* *ich Hilfe bekam, denn A. ging es immer schlechter, was auf unsere ganze Familie ausstrahlte. Er wurde dann in eine andere Klasse aufgenommen und bekam eine neue Lehrerin. Eine Sozialarbeiterin an der Schule hat uns sehr geholfen. Wir haben immer noch Kontakt und nun bezieht sie mich in ihre Familienarbeit im Nachbarschaftszentrum von „Kiek in" mit ein. Ich möchte gerne unter Menschen sein, aber meine Sprachkenntnisse müssen erst besser werden. Ich stand vor der B2-Niveau - Sprachprüfung Deutsch und dann kam Corona. Ich würde auch gern wieder arbeiten gehen, am liebsten als Erzieherin in einer Kita. Ich würde gern halbtags in einer Kita arbeiten und berufsbegleitend ein Erzieherin-Studium absolvieren."*

Immer wenn sie sprachlich nicht weiter weiß, schaut sie hilfesuchend zu ihrem Mann, der dann übersetzt. Er bekräftigt ihren Wunsch: *„Sie müssen sich vorstellen: Meine Frau ist den ganzen Tag allein zu Hause, weil sie keinen weiter kennt und sie sich noch nicht in der Lage sieht, sich in deutscher Sprache verständlich zu machen. Wir leben seit 2019 in unserer Wohnung und kennen noch keinen Nachbarn. Viele grüßen freundlich, manche auch nicht und das war es. Ich selbst habe meine Arbeit, Berlin gefällt mir richtig gut. Wir haben schon vieles gemeinsam besucht: den Mauerpark, den Müggelsee. Fühle mich richtig wohl in Berlin und möchte unbedingt in Deutschland bleiben. In Marzahn haben wir noch keine Freunde gefunden."* Gern würde er nach Reinickendorf ziehen, wenn sich dort bezahlbarer Wohnraum ergeben würde. *„Dann wäre ich dichter an der Arbeitsstelle dran und ich hätte viel mehr Zeit für die Familie. Dagegen steht, dass dann die Kinder zum x-ten Mal aus ihrem gewohnten Umfeld gerissen werden müssten."*

N.: *„Die Kinder sind schon durch den Krieg traumatisiert. Neben M.'s Kita schlug eine Bombe ein. Die unerfahrene Erzieherin wusste sich keinen Rat, stand unter Schock und riss die Türen auf. Die Kinder liefen planlos durch die Gegend und draußen wurde geschossen".* Das möchte man sich nicht vorstellen. *„Außerdem finde ich es hier schön, mir gefällt das Design von Marzahn. Die Schule für die Kinder ist in der Nähe. Ich möchte gern Kontakt mit den Nachbarn, das wäre gut für meine Seele. Ich kämpfe mit der Sprache, lerne mit den Kindern, nur nicht so schnell, wie ich gern möchte. In*

Syrien besuchen sich die Nachbarn gegenseitig, unterhalten sich und freuen sich über das Zusammensein. Das vermisse ich sehr. Auch meine Eltern. Sie saßen im Winter ohne Heizung in ihrer Wohnung. Wenn Kindergeburtstag ist, können sie nicht – wie in deutschen Familien – dabei sein. Das fehlt den Kindern. Zum Glück können sie über Skype in Verbindung sein."

O. erzählt: *„Unsere ganze Verwandtschaft ist inzwischen weltweit verteilt: Zwei meiner Schwager leben in Düsseldorf, ein Bruder in Schweden, eine Tante in den USA, ein Cousin jeweils in Neuseeland und Frankreich und in England, Syrien, Ägypten und in der Türkei auch jeweils eine Verwandte.*

Die Angst war immer dabei – egal ob bei der Flucht oder bei Telefonaten nach Hause, als ich meine Familie noch in Syrien zurücklassen musste. Aber hier in Deutschland ist unsere Würde geschützt. Hier erleben wir Demokratie und Freiheit. Berlin ist eine weltoffene Stadt. Also in Berlin sind wir definitiv angekommen und in Marzahn wünschen wir uns einfach mehr Kontakt mit unseren Nachbarn. Wir freuen uns, dass wir dann auch Einrichtungen besuchen können, was bisher wegen der Pandemie-Einschränkungen nicht möglich war.

Und wenn Sie Hilfe bei Übersetzungen brauchen, können Sie mich jederzeit ansprechen. Ich stehe Ihnen sehr gern zur Verfügung, so es meine Zeit erlaubt."

Wuhletalbrücke

Die Wuhletalbrücke als wichtiges
Bauwerk der B 158 wurde 1984 übergeben.

Sie nimmt wichtige Transportlasten des
Nord-Süd-Verkehrs im Osten Berlins auf.

Aufgrund gefährdender Verschleißerscheinungen
im Tragbereich wurde sie gesperrt.

Jetzt soll Ende 2021 mit dem Abriss begonnen
werden. Laut Senatsverkehrsverwaltung
ist eine Bauzeit von vier Jahren vorgesehen.

Die gesamte Baumaßnahme soll 2026/2027
abgeschlossen sein. Dafür ist ein Projekt-
volumen von 15 Millionen Euro in der
Investitionsplanung angemeldet.

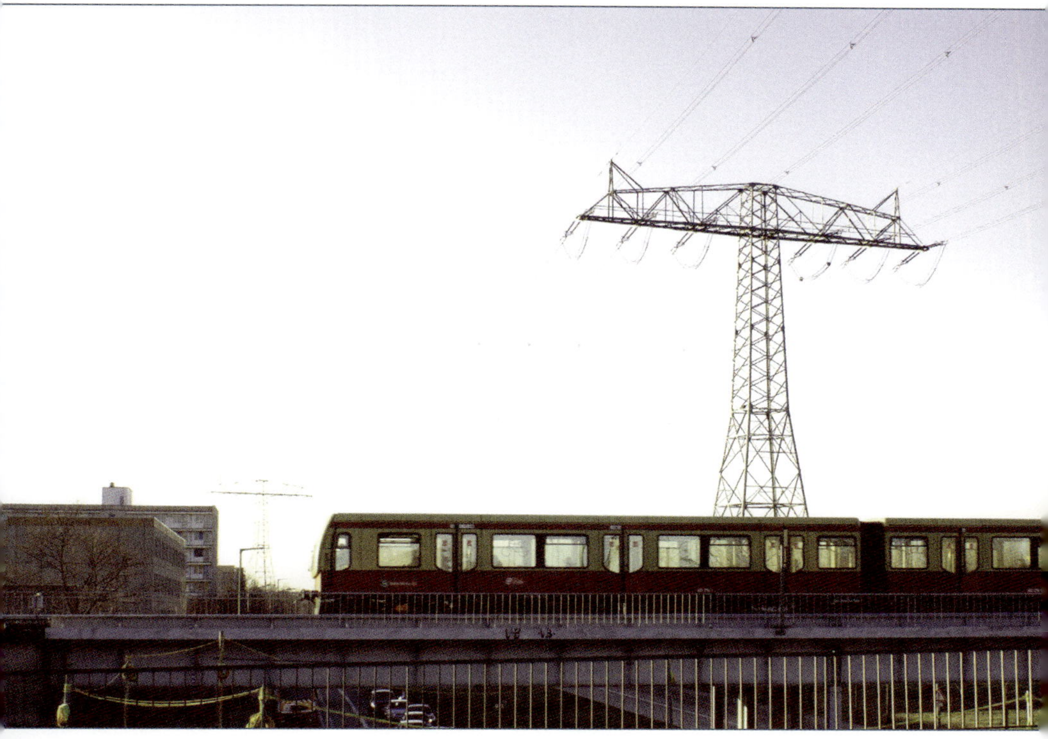

Rolf A. Götte

„Angekommen??? – Angekommen!!!"
(Eigenbeitrag)

Mein Name ist Rolf A. Götte. Ich habe 1940 in Neukölln das Licht der Welt erblickt. Aufgewachsen bin ich bei meiner Großmutter in der Emser Straße. Meine ersten Lebensjahre waren geprägt von den schrecklichen Ereignissen des Zweiten Weltkrieges. Mein Vater kam 1945 körperlich unversehrt aus dem hohen Norden zurück, wo er für das „Dritte Reich" die Erzbahnen von Kiruna nach Narvik verteidigen musste. Als Folge seiner langen Abwesenheit trennten sich meine Eltern im Jahre 1948. Ich blieb bei der Großmutter; mein vier Jahre älterer Bruder wurde bei der Scheidung meinem Vater „zugesprochen". Ein besonders guter Schüler war ich zunächst nicht. Als 1955 die Berufswahl anstand und sich der Wunsch, Journalist zu werden, nicht realisieren ließ, beschaffte die Familie mir einen Ausbildungsplatz als Schriftsetzer in einer Buchdruckerei in Charlottenburg.

Als Siebzehnjähriger lernte ich Anita Gerlach aus Friedrichshain kennen und lieben. Zwei Jahre später siedelte sie unter den im geteilten Berlin äußerst schwierigen Gegebenheiten nach West-Berlin über. 1960 heirateten wir in Neukölln und starteten den Weg in eine noch immer währende Gemeinsamkeit. Walter Ulbrichts Bemerkung: „Niemand hat die Absicht eine Mauer zu errichten" wurde von uns zunächst überhört und erst als wir am 13. August 1961, einem Sonntag, mit unserer einjährigen Tochter an der Bouchéstraße zwischen Neukölln und Treptow vor trennenden Stacheldrahtrollen und Volkspolizisten mit drohend im Anschlag befindlichen Maschinenpistolen standen, konnten wir das Geschehen nicht nachvollziehen. Am 24. August 1961 besuchten wir zum letzten Mal die Verwandten in Ost-Berlin. Danach war die Grenze zunächst praktisch unüberwindbar. Anlässlich des ersten sogenannten „Passierscheinabkommens" konnten wir Weihnachten 1963 mit inzwischen zwei Töchtern Anitas Eltern und Großeltern für jeweils einen Tag besuchen. Voraussetzung zur Beantragung der Genehmigung war allerdings eine 40-stündige ununterbrochene Wartezeit vor einer Schule in der Richardstraße in Neukölln.

Die instabile politische Situation um West-Berlin, erfolglose Bemühungen zur Beschaffung einer Neubauwohnung sowie mangelnde berufliche Zukunftsperspektiven ließen 1969 in uns den Wunsch keimen, der Heimat den Rücken zu kehren und das weitere Leben in der Bundesrepublik zu suchen. Die Wahl fiel aus beruflichen Gründen auf Süddeutschland. Ein schönes, kleines Dorf am Rande Stuttgarts wurde unser neues Domizil. Der erste Wohnungsvermieter war eine Seele von Mensch, der mir das Weintrinken beibrachte. Ein freundlicher Druckereibesitzer vor Ort wurde für mich zum hilfreichen Kollegen und Freund. Ansonsten mussten wir lernen, mit der schwäbischen Mentalität zu leben, was nicht immer einfach war. Beruflich ging es aufwärts. Nach einigen Jahren der Selbstständigkeit im Bereich der Herstellung von Druckvorlagen war ich jahrzehntelang im Außendienst der grafischen Industrie tätig und verkaufte Maschinen, Systeme und Materialien. Ich bereiste beinahe den gesamten süddeutschen Raum südlich des Mains bis zum Bodensee.

Meine Frau gründete 1987 eine Einkaufs- und Beratungsgenossenschaft für Satzherstellungsbetriebe und wurde geschäftsführendes Vorstandsmitglied. Nach 15 Jahren war durch die technische Revolution vom Fotosatz zur total digitalisierten Text- und Bildverarbeitung die „STG eG" allerdings nicht mehr marktkonform.

Den Abend des 9. November 1989 erlebten wir am Fernsehgerät. Wir konnten das Gehörte und Gesehene um den Fall der Mauer in Berlin nicht fassen und waren begeistert. Günter Schabowskis Worte: „Das tritt nach meiner Kenntnis …, ist das sofort …, unverzüglich!" werden für uns und die Welt unvergessen bleiben. Zahlreiche Besuche in das heimatliche Berlin, nach Marzahn und zu Freunden ins brandenburgische Biesenthal folgten. Nach der Vereinigung beider deutscher Staaten am 3. Oktober 1990 wurde der langgehegte Wunsch, mit Erreichen des Ruhestandes nach Berlin zurückzukehren, immer stärker. Wir realisierten ihn, nachdem ich bis 2009 noch immer beruflich tätig war, im Jahre 2011. Bei der Wohnungssuche waren uns Anitas Schulfreundin und ihr Mann behilflich. In Marzahn NordWest wurden sie für uns fündig. Unsere älteste Tochter und unsere Enkeltochter, die uns in der Zwischenzeit zu Urgroßeltern werden ließ, folgten dem Weg in die Heimat. Der jüngsten Tochter ist Berlin zu umtriebig. Sie lebt weiterhin glücklich und zufrieden im Schwarzwald und besucht uns regelmäßig.

Mit dem Millennium im Jahre 2000 begann ich als Schriftsteller aktiv zu werden. Meine Romane beschäftigen sich mit deutsch-deutscher Geschichte, europäischer Politik und dem brutalen Unwesen der Mafia in Deutschland und seinen Nachbarländern. Sechs Romane sind bisher erschienen. Zwei weitere komplette Manuskripte harren noch ihrer Veröffentlichung.

Aus Interesse besuchte ich ab 2011 regelmäßig die Sitzungen des Quartiersrates. Bald darauf wurde mir die Mitarbeit in diesem Gremium angetragen. Als mir 2015 die Aufgabe angeboten wurde, als Kiezredakteur tätig zu werden, nahm ich die spannende Tätigkeit bis zur Verstetigung des Quartiersgebietes Marzahn NordWest im Jahre 2020 wahr.

Meine Frau und ich lernten dabei den Stadtteil, die Menschen und die soziale Struktur von Marzahn NordWest kennen. Wir denken dabei zum Beispiel an die „Textbar" im Kiez-Treff West, an diverse „Gemeinsam STATT EINSAM"-Veranstaltungen im Berliner Tschechow Theater und anderswo sowie an Lesungen in der „Heinrich-von-Kleist"-Bibliothek. Die verschiedenen Darbietungen im „Kiek in" Soziale Dienste gGmbH sowie die Aktivitäten von „Vision e.V." sollen an dieser Stelle neben den integrierenden Bemühungen des „Kulturhochhauses" und der „Spielplatzinitiative Marzahn e.V." nicht unerwähnt bleiben.

Wir fühlen uns hier wohl. Wir leben in einem grünen Umfeld am Rande der riesigen Stadt, haben recht gute Einkaufsmöglichkeiten, befriedigende verkehrstechnische Anbindungen in die Innenstadt, genießen die Nähe zu Brandenburg und schätzen „unseren" Stadtteil Marzahn Nord West mit seinen etwa 25.000 Bewohnerinnen und Bewohnern aus Berlin und dem Rest der Welt.

Angekommen ??? Wir sind es !!!

Und daran konnten selbst die hämischen Aussagen des weiblichen, pinkfarbenen TV-Stars aus Treuenbrietzen und die abwertende Werbung eines Freizeitparks in Leipzig nichts ändern.

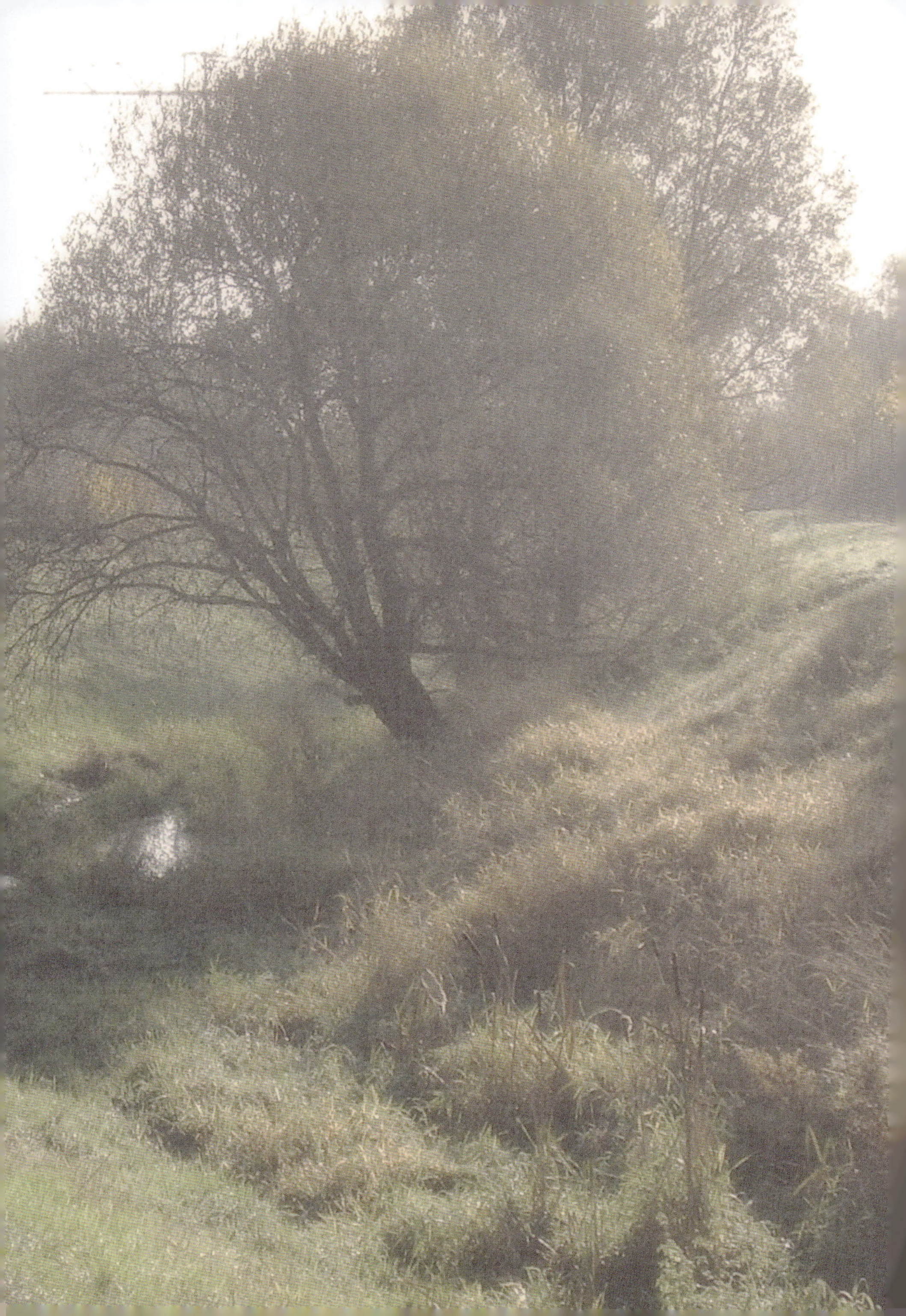

Günter Beckert
Nachruf
von Axel Matthies

Günter Beckert war ein äußerst aktiver Bewohner unseres Stadtteiles, dessen Engagement nicht hoch genug gewürdigt werden kann. Erstmalig trat er mit dem beginnenden Stadtumbau im Jahre 2002 in Erscheinung. Er war Mitbegründer der Mieterschutzinitiative Marzahn NordWest, die sich gegen eine Verdrängung der Mieter und Mieterinnen aus ihren Wohnungen zugunsten eines massiven Wohnungsabrisses zur Wehr setzte. Die darauf folgende konstruktive Auseinandersetzung und Zusammenarbeit mit der degewo und dem Senat von Berlin für die Ahrensfelder Terrassen bleibt als mustergültige Mieterinitiative im Osten Berlins in Erinnerung.

Ein neues Betätigungsfeld erschloss sich Günter Beckert mit der Planung der Umgehungsstraße Ahrensfelde über die Klandorfer Straße in Marzahn Nord. Die Länder Brandenburg und Berlin hielten diese Variante für die beste, um die B 158 störungsfrei zur Autobahn führen zu können. Auch hier verbündeten sich Bürger aus Marzahn und Bürgerinnen aus Ahrensfelde, um diese Variante zugunsten einer anderen abzuwehren. In einem äußerst arbeitsintensiven und zähen Prozess beteiligte sich Günter Beckert an dem demokratischen Beteiligungsverfahren mit dem Ergebnis, dass die Planung im Jahre 2011 in Anerkennung der vorgetragenen Bürger-Argumente eingestellt wurde. Erst jetzt, zehn Jahre später, ist sie wieder aufgenommen worden.

Günter hatte nun Zeit für andere Aufgaben. Als ehemaliger Kulturoffizier schloss er sich dem Freundeskreis des Berliner Tschechow Theaters an. Das war ein Gremium engagierter Bürger und Bürgerinnen, die sich für den Erhalt des kleinen Kammertheaters und dessen Wirksamkeit in unserem Kiez eingesetzt hatte. Genau wie die Heinrich-von-Kleist-Bibliothek sollte das Theater nach den Milliardenverlusten im Berliner Landeshaushalt durch den Skandal bei der Landesbank Berlin nicht weiter mit öffentlichen Mitteln unterstützt werden. Beides konnte verhindert werden.

Günter Beckert war schließlich aktiv in der Seniorenarbeit. Von Anfang an hat er im Projekt „Gemeinsam STATT EINSAM" mitgewirkt. In den Steuerungsrunden nahm er wesentlichen Einfluss auf die Planung, Organisation und Durchführung von Veranstaltungen für Senioren und Seniorinnen. Seine Fotodokumentationen über diese Arbeit wird allen in Erinnerung bleiben. Viele Busfahrten hat er mit der Kamera begleitet und zu sehenswerten Filmen verarbeitet.

Günter war ein sehr engagierter Bürger unseres Stadtteils, der um sich nie besonderes Aufheben machte. Am Ende musste er krankheitsbedingt sehr viel kürzer treten.

Am 24. Mai 2021 ist Günter Beckert nach langer schwerer Krankheit kurz vor der Vollendung seines 84. Lebensjahres verstorben. Wir werden sein Wirken für unsere Gemeinschaft und seine Persönlichkeit in ehrendem Gedenken bewahren. Vielleicht wird es eines Tages hier eine Straße mit seinem Namen geben.

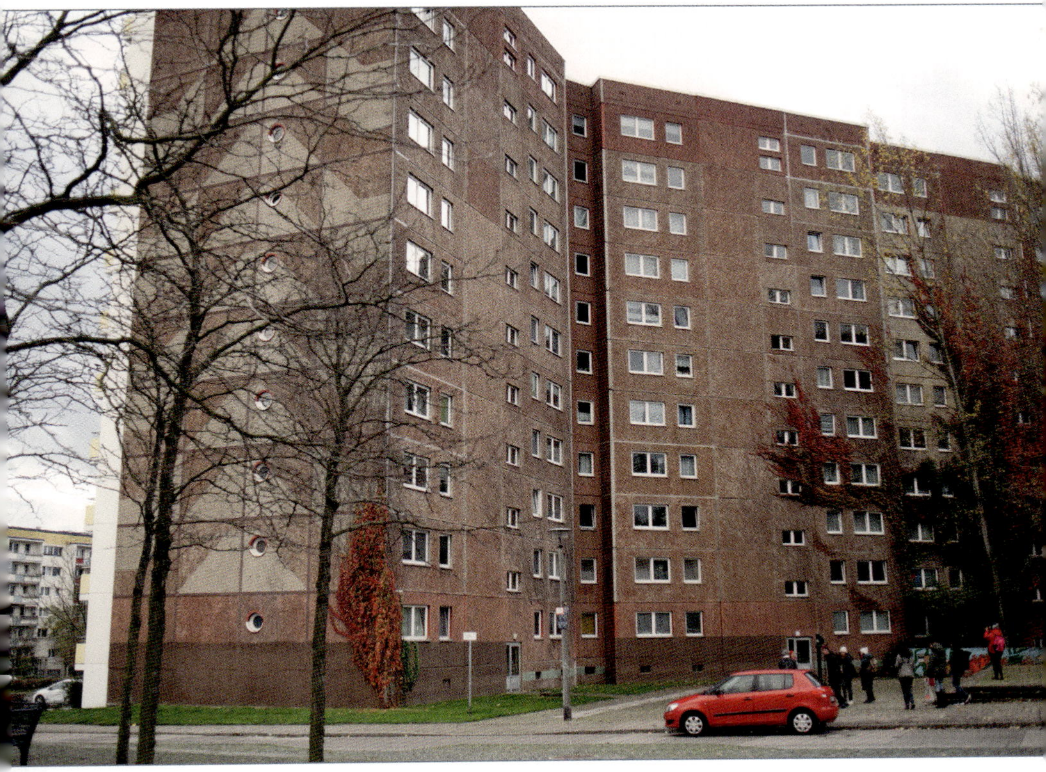

Autoren-und Autorinnenpoträts

Marion Baumann

- Jahrgang 1953.
- aufgewachsen in einer intakten Kleinstadt Norddeutschlands.
- lebt und arbeitet seit 1971 in Berlin.
- Studium der Germanistik an der Humboldt-Universität zu Berlin (Diplom1976) und der Sozialpädagogik an der Alice-Salomon-Fachhochschule in Berlin (Diplom 1996).
- Studienaufenthalte in New York und Chicago (Comminity Organizing) und Abadiania in Brasilien.
- Seit über 25 Jahren in der Kinder- und Jugendhilfe tätig.
- Mitgesellschafterin mehrerer sozialer Einrichtungen.
- Mitautorin einer dreiteiligen Anthologie zum größten Kinderheim der ehemaligen DDR in der Königsheide im Südosten Berlins und Autorin zwei weiterer Bücher zum Thema Heimgeschichte in der DDR.
- Therapeutin mit Schwerpunkt Autismus und Trauma, Ausbildung in Kinesiologie, Hypnose und Yager-Code. Empirische Forschung mit dem Schwerpunkt Adoption.
- seit 1972 verheiratet, drei erwachsene Kinder, sieben Enkel und zwei Urenkel.

Oleksandra Bienert

- Jahrgang 1983.
- geboren und aufgewachsen in Chernivtsi, Ukraine.
- Studium der Informatik in Kyiv, Europäischen Ethnologie und Public History in Berlin.
- Seit 2005 lebt sie in Berlin.
- In der Hauptstadt hat sie in mehreren Arbeitsfeldern gearbeitet: Auseinandersetzung mit der NS-Geschichte, Unterstützung der Zivilgesellschaft, interkulturelle Kommunikation und Stadtentwicklung. Dabei hat sie als langjährige Community- und Menschenrechtsaktivistin mehrere deutsch-ukrainische Projekte koordiniert.
- Schreibt Kolumnen auf Deutsch und Ukrainisch zu den Themen: Frauenrechte, Politik, Geschichte und deutsch-ukrainische Beziehungen.
- 2020-2021 - Studium der Fotografie an der Ostkreuzschule für Fotografie.
- Seit 2019 Tätigkeiten in Marzahn NordWest als Quartiersmanagerin für interkulturelle Vermittlung und ab 2021 als Stadtteilkoordination.
- 2017 reiste sie allein einmal um die Welt, um verschiedene Kulturen kennenzulernen. Als leidenschaftliche Fotografin immer dabei: Ihre Kamera

Axel Matthies

- Berliner.
- Jahrgang 1950.
- Ging zwölf Jahre zur Schule.
- Anschließend Armeedienst.
- Danach Studium der Philosophie an der Humboldt-Universität zu Berlin.
- Von 1980 bis 1990 zehn Jahre Arbeit in verantwortlichen Positionen zweier Berliner Baukombinate.
- Nach 1990 Neuorientierung im journalistischen Bereich und Erfahrung in interessanten ABM-Aufgaben.
- Dann arbeitete er von 1999 bis 2014 in verschiedenen Aufgabenbereichen bei Kiek in.
- Er war Redakteur der Stadtteilzeitung „NordWest" und betreute und regte das bürgerschaftliche Engagement im Stadtteil an.
- Im damaligen Bürgerzentrum im Havemanncenter unterstützte er Bürger und Bürgerinnen bei der Bewältigung von Anträgen und Verfahren. Seit 2014 aktiver Rentner, unter anderem im Kiez-Treff West.

Quellenverzeichnis Fotos

Cover außen	Wolfgang Bilke: Marzahn bei Nacht
Cover innen	Iryna Schmidt: Marzahner Ansichten
S. 4	Iryna Schmidt: Morgentau
S. 15	Axel Matthies: S-Bahnhof Ahrensfelde
S. 21	Birgitt Eltzel: Clara-Zetkin-Park
S. 23	Sabine Behrens: Marzahn West, Blick auf Grünzug
S. 33	Oleksandra Bienert: Holzbrücke
S. 39	Axel Matthies: Ahrensfelder Terrassen im Umbau
S. 40	Axel Matthies: Ahrensfelder Terrassen
S. 46	Axel Matthies: Schottische Hochlandrinder
S. 47	Oleksandra Bienert: Weg in Marzahn
S. 51	Birgitt Eltzel: Havemann-Arkaden
S. 57	Axel Matthies: S-Bahn Ahrensfelde
S. 58	Sabine Behrens: Weg zum S-Bahnhof
S. 67	Oleksandra Bienert: M8 Straßenbahn
S. 68	Birgitt Eltzel: Platte bei Nacht
S. 83	Wolfgang Bilke: Havemannstraße
S. 84	Axel Matthies: Gesundheitswoche Kinderlauf
S. 89	Oleksandra Bienert: Straßenbahnschienen
S. 93	Serhiy Bezborodko: Hausfront mit Herbstlaub
S. 95	Sabine Behrens: Geraer Ring
S. 96	Axel Matthies: Gartenarbeit Aussiedlerin
S. 101	Wolfgang Bilke: Hochhäuser
S. 111	Axel Matthies: die Wuhle
S. 112	Axel Matthies: Kinder in West
S. 113	Wolfgang Bilke: Minigolfplatz
S. 121	Serhiy Bezborodko: Barnimplatz (Hund)
S. 127	Brgitt Eltzel: Heinrich-von-Kleist-Bibliothek
S. 128	Oleksandra Bienert: Die Schaukel
S. 129	Wolfgang Bilke: Spielplatz
S. 133	Sabine Behrens: Natur in Marzahn
S. 139	Oleksandra Bienert: Wuhletalbrücke mit S-Bahn
S. 141	Jugendbild Rolf A. Götte mit Frau (aus Privatbesitz)
S. 144	Goldene Hochzeit Rolf A. Götte mit Frau (aus Privatbesitz)
S. 144	Goldene Hochzeit Rolf A. Götte mit Frau (aus Privatbesitz)
S. 146	Axel Matthies: Herbststimmung
S. 149	Serhiy Bezborodko: 11-Geschosser mit rotem Auto
S. 155	Axel Matthies: Lindenhügel

Autorenbilder:

S. 17   Porträt Michael Lemke: Harald Ritter
S. 117   Porträt Alimatou: Rim Farha
S. 147   Porträt Günter Beckert: Harald Ritter
S. 151   Porträt Marion Baumann: Sabine Butzke

Alle weiteren
Porträts: Oleksandra Bienert